Krieg in der Antike

[GESCHICHTE ERZÄHLT]

Herausgegeben von
Kai Brodersen, Uwe A. Oster, Thomas Scharff und Ute Schneider

Bd. 1, Die Welt Homers, ISBN 978-3-89678-319-6
Bd. 2, Hexenjagd in Deutschland, ISBN 978-3-89678-320-2
Bd. 3, Der königliche Kaufmann oder wie man ein Königreich saniert, ISBN 978-3-89678-324-0
Bd. 4, Zechen und Bechern. Eine Kulturgeschichte des Trinkens und Betrinkens, ISBN 978-3-89678-323-3
Bd. 5, Hinter Klostermauern. Alltag im mittelalterlichen Kloster, ISBN 978-3-89678-323-321-9
Bd. 6, Krieg in der Antike, ISBN 978-3-89678-323-339-4

Thomas Ganschow

Krieg in der Antike

[GESCHICHTE ERZÄHLT]

[Für Claudia]

Die Deutsche Nationalbibliothek verzeichnet diese Publikation in der Deutschen Nationalbibliografie; detaillierte bibliografische Daten sind im Internet über http://dnb.d-nb.de abrufbar.

Die Herausgabe des Werkes wurde durch die Vereinsmitglieder der WBG ermöglicht.
Gedruckt auf säurefreiem und alterungsbeständigem Papier
Einbandgestaltung: Jutta Schneider, Frankfurt
Titelbild: Athene, Marmorstatue von der Westfront des Tempels der Aphaia auf Ägina, Griechenland, 490 v. Chr., © The Art Archive / Glyptothek, München / Dagli Orti (A), Foto: The Picture Desk

Layout: Petra Bachmann, Weinheim
Gestaltung und Satz: Johannes Steil, Hamburg
Printed in Germany

www.primusverlag.de

ISBN: 978-3-89678-339-4

Inhalt

Einleitung

Krieg in der Antike – wem kommen dabei nicht der Trojanische Krieg, die Perserkriege oder die römischen Legionen in den Sinn, Erinnerungen an vergangene Schulstunden? Doch darf man diese drei Begriffe überhaupt in einem Atemzug nennen? Fand der Trojanische Krieg wirklich statt? Gehören die Erzählungen über den Trojanischen Krieg wie Homers *Ilias* nicht in den Bereich des Mythos? Es mag erstaunlich klingen, aber diese Frage ist in unserem Zusammenhang belanglos. Auch wenn der Trojanische Krieg nicht stattgefunden hat, die *Ilias* verrät uns viel darüber, wie zur Zeit Homers (im 8. Jahrhundert v. Chr.) gekämpft wurde. Denn Homer lässt seine Helden so kämpfen, wie er es aus der Realität, aus der Zeit, in der er lebte, kannte. Auch in Bildern finden wir dieses Phänomen, die Projektion eines Mythos, der sich in lange zurückliegenden Zeiten abgespielt haben soll, in ein aktuelles, dem Produzenten und zeitgenössischen Betrachter geläufiges Ambiente. Wer einmal im Museum von Delphi vor dem kurz vor 525 v. Chr. vollendeten Fries des Siphnier-Schatzhauses steht, wird bemerken, dass sich Griechen, Trojaner und Giganten in ihrer Bewaffnung nicht unterscheiden: Der unbekannte Künstler des Frieses hat die Krieger ohne Unterschied als Hopliten, als Schwerbewaffnete, dargestellt, so wie Krieger für ihn auszusehen hatten.

Die Zahl der uns bekannten Kriege in der Antike ist hoch und kann durchaus mit den Kriegen anderer Epochen wie beispielsweise dem europäischen Mittelalter konkurrieren. Doch in diesem Buch geht es nicht darum, eine Liste der Kriege in der griechisch-römischen Antike vorzulegen. Muss man wissen, worum es im Dritten Heiligen Krieg oder im Ersten Illyrischen Krieg ging, wer gegen wen kämpfte? Auch wenn beide Kriege mit großem Leid für die Betroffenen verbunden waren, für uns sind sie nur noch Episoden, ein Teil des Bildes, das uns die antiken Quellen von den Griechen und Römern vermitteln. Und dieses Bild ist Thema des Buches. Der Leser soll in die Welt der Antike eingeführt werden, als noch Mann gegen Mann gekämpft wurde (und manchmal auch Frau gegen Mann), erfahren, wie der Krieg schon in der Antike immer mehr „perfektioniert" wurde. Das Buch will den Leser mit der Kriegspropaganda vergangener Zeiten vertraut machen und zum Nachdenken anregen, ob uns das Feindbild, das die Griechen und Römer von ihren Gegnern entwarfen, nicht irgendwie vertraut vorkommt. Und es soll an die Betroffenen erinnern, an die vielen namenlosen Soldaten und „Zivilisten", die hofften, ihr Land, ihre Stadt würde siegen. Manchmal, weil sie den Frieden herbeisehnten, öfter jedoch, weil sie sich von einem Sieg Vorteile versprachen. Dabei ging es nicht immer um Ideale wie die Verteidigung der Freiheit. Häufig genug spielte der Profit eine wichtige Rolle. Wäre dies nicht so, welchen Grund gäbe es dann noch, Krieg zu führen?

> Wer wäre wohl so unvernünftig, den Krieg statt des Friedens zu wählen? Im Frieden begraben die Kinder ihre Eltern, im Kriege die Eltern ihre Kinder.
>
> HERODOT, *Historien* 1, 87, Ü: Theodor Braun

Feind
Bilder

Ein Krieg braucht einen Anlass, scheint er auch noch so weit hergeholt. Dazu gehört, dass der Feind etwas verkörpert, das man selbst als Bedrohung ansieht.

Mythische Gegner: Götter und Heroen im Krieg

In der *Theogonie* des Hesiod, einer der ältesten Dichtungen des klassischen Altertums (Ende 8. Jahrhundert v. Chr.), wimmelt es geradezu von bedrohlichen Wesen, die als Feinde der Götter wie der Menschen auftreten. Besungen wird die Abstammung der Unsterblichen, angefangen bei Gaia und Uranós,[1] Erde und Himmel, über die Titanen und die Olympischen Götter bis hin zu einer Vielzahl wenig bekannter Gestalten, die jedoch alle einen festen Platz im griechischen Universum einnahmen. So auch das Wesen, von dem hier die Rede ist: Typhoeús oder Typhón, den Gaia nach dem Untergang der Titanen als Rivalen des Zeus gebar:

> [Beinahe wäre damals der Tag des Entsetzens gekommen; / denn das Untier begehrte Gewalt über Menschen und Götter. / Aber das scharfe Auge des Vaters bemerkte den Frevel.]
>
> HESIOD, *Theogonie* 836–838

„Vater“ Zeus gelingt es schließlich, Typhon in einem heftigen Kampf zu besiegen und in die Unterwelt, den Tártaros, zu werfen; töten kann er Typhon nicht, da dieser ebenso unsterblich ist wie Zeus selbst. Doch er kann dessen Unheil bringende Macht eindämmen, die sich fortan nur noch in Stürmen und Vulkanausbrüchen äußert.

Diese Passage aus der *Theogonie* ist charakteristisch für

die Vorstellung der Griechen: Gaia, die Erde, bringt Gutes, aber immer wieder auch Böses hervor; eine Welt ohne „Böses“ gibt es nicht. Aufgabe des „Guten“ ist es, wachsam zu sein und das „Böse“ rechtzeitig einzugrenzen, damit kein größeres Unheil geschieht. Bezeichnenderweise kann der „Gute“ den „Bösen“ (respektive das in der Welt befindliche Böse) nicht völlig besiegen, denn beide sind unsterblich.

Nach Hesiod ist die Welt demnach ein ewiger Kriegsschauplatz zwischen dem „Guten“ und dem „Bösen“. Das „Gute“ – Gerechtigkeit und Ordnung – wird von den Olympischen Göttern vertreten, denen die Griechen so manche sympathisch menschlichen Züge andichteten. Ihnen gegenüber stehen schreckliche, oft monsterartige Wesen, die für alles Leid verantwortlich gemacht werden und deren Anblick allein schon furchterregend ist. Nicht nur in der göttlichen Sphäre wird Recht und Ordnung – man könnte auch sagen: die Zivilisation – bedroht, die griechische Mythologie kennt zahlreiche Ungeheuer, die als Verkörperung des Bösen die Sterblichen bedrängen und nur von Helden wie Herakles oder Theseus besiegt werden können: So befreit Herakles die Menschen unter anderem vom Löwen von Nemea und der vielköpfigen Schlange von Lerna.[2]

Daneben erzählten sich die Griechen auch von Völkern oder Stämmen, mit denen vor langer Zeit Götter und Menschen im Krieg lagen, den Kentauren beispielsweise: wilde, urwüchsige Gestalten, halb Mensch, halb Pferd, die in den Wäldern Thessaliens hausen sollten, rohes Fleisch aßen und wegen ihrer Lüsternheit und Trinksucht verrufen waren. Damit verkörperten sie gleichsam den Gegensatz zur Zivilisation.

Auf der Hochzeit des Königs der Lapithen, Peiríthoos, hatten die Kentauren dem Wein allzu sehr zugesprochen und vergriffen sich an den Frauen der Lapithen, eine eklatante Verletzung des Gastrechts. Ein heftiger Kampf entbrannte, der schließlich vom Gott Apollon zugunsten der Lapithen entschieden wurde: Die Zivilisation siegt über ihre Feinde.[3]

Der Gegensatz zur Zivilisation konnte sich auch auf andere Weise ausdrücken: Die Griechen sahen in dem kriegerischen Frauenvolk der Amazonen geradezu eine verkehrte Welt, in der tapfere Frauen das Sagen hatten. In der *Ilias*, die den Krieg der Griechen gegen Troja zum Thema hat, beschreibt Homer[4] die Amazonen bezeichnenderweise mit dem Adjektiv *antiáneirai* – im Deutschen gern mit „männergleich“ übersetzt. Doch das Wort *antiáneirai* beinhaltet mehr: Die Vorsilbe „anti-“ betont den Gegensatz zu der von Männern (griechisch *anér*) dominierten Zivilisation der Griechen.

Zu den mythischen Gegnern der Götter zählt auch das Riesengeschlecht der Giganten, die wie Typhon Gaia zur Mutter haben und bereits als Krieger in voller Rüstung zur Welt kommen,[5] um die Olympischen Götter zu entmachten. Erst mit Hilfe eines Sterblichen können die Giganten bezwungen werden: Der griechische Nationalheld Herakles kämpft hier Seite an Seite mit den Göttern.

Bei Hesiod sind die Giganten nur aufgrund ihrer Größe furchterregend, ansonsten unterscheiden sie sich äußerlich nicht

Die Amazonen – ein kriegerisches Frauenvolk

Die Amazonen tauchen in der griechischen Mythologie mehrfach auf, oft als Gegnerinnen berühmter Helden wie Herakles oder Theseus. Im Trojanischen Krieg kämpfen sie aufseiten der Trojaner, bis Achill ihre Königin Penthesilea tötet. Diesen entscheidenden Moment, in dem beide ihre Liebe füreinander erkennen, hat der Maler der sogenannten Penthesilea-Schale in der Münchner Glyptothek bildlich in Szene gesetzt.

Achill besiegt die Amazone Penthesilea. Vasenbild des sogenannten Penthesilea-Malers, um 460 v. Chr.

von den Olympischen Göttern und damit auch nicht von den Menschen. Erst später werden ihnen als Kindern der Erde (Gaia) Schlangenbeine angedichtet, wodurch sie unmenschliche Züge erhalten. Die wohl bekannteste Darstellung einer Gigantomachie, also des Kampfes der Götter gegen die Giganten, zeigt der große Fries des Pergamon-Altars in Berlin (1. Hälfte 2. Jahrhundert v. Chr.).

Alle mythischen Gegner der Griechen und ihrer Götter, von denen bisher die Rede war, haben eines gemeinsam: Sie sind „anders", ganz gleich, ob es sich um schreckliche Ungeheuer handelt, um wilde, ungestüme Mischwesen oder ob Frauen wie die Amazonen die Rolle der Männer einnehmen. Und: sie bedrohen die Zivilisation, sind „Feinde“ von Recht und Ordnung. Was liegt näher, als auch die realen Feinde in dieses „Raster“ einzuordnen?

Griechen gegen Griechen

Doch nicht alle mythischen Feinde der Griechen waren „anders“. Ihre prominentesten Gegner, die uns vor allem durch Homers *Ilias* vertraut sind, die Trojaner, waren ebenfalls Griechen. Auf beiden Seiten herrschten Könige: In Troja regierte Priamos, ihm gegenüber stand Agamemnon, der König von Mykene. Beide Parteien kämpften auf gleiche Weise, waren gleich gerüstet, besaßen gleichermaßen herausragende Kriegshelden wie beispielsweise Achill und Hektor. Und nicht zuletzt wurden beide Seiten von den Olympischen Göttern unterstützt.

Die Liste der mythischen Kriege, in denen Griechen gegen Griechen antraten, ließe sich beliebig erweitern. Was aber steht dahinter? Bedrohten die Trojaner die Zivilisation? Und wieso fochten die Götter auf verschiedenen Seiten? Der Auslöser für den Trojanischen Krieg ist der Sage nach auf göttlicher Ebene zu suchen: Hera, Athena und Aphrodite streiten sich darum, welche von ihnen die Schönste sei. Als sie sich nicht einig werden können, bitten sie den trojanischen Prinzen Páris, als Schiedsrichter zu fungieren. Er kürt Aphrodite zur Schönsten, nicht zuletzt, weil sie ihm als Belohnung die schönste Frau auf Erden verspricht: Helena, die Gemahlin des Königs von Sparta, Menélaos. Paris reist nach Sparta und wird dort vom König gastfreundlich aufgenommen. Doch indem er schließlich Helena nach Troja entführt, verletzt er das heilige Gastrecht schwer. Und hier liegt der unmittelbare Auslöser für den Trojanischen Krieg: Ein grundlegendes Gesetz, das Recht und Ordnung unter den Menschen garantiert, wird übertreten. Damit begeht Paris einen Frevel gegen die Götter und wird so gleichsam zu einem Feind der Zivilisation.

Das Feindbild in der griechischen Mythologie bezieht sich also – zugespitzt formuliert – darauf, dass sich die „zivilisierte“ Welt durch sagenhafte, oft furchterregende Wesen bedroht sieht, die durch ihr Aussehen oder ihre Lebensweise „anders“ sind; aber auch Mitglieder eben dieser zivilisierten Welt, die wichtige Gesetze missachten, werden zu Außenseitern, zu Feinden der Zivilisation.

Die Barbaren: Fremde Völker aus griechisch-römischer Sicht

Am Ende des zweiten Gesanges der *Ilias* nennt Homer alle Völker, die aufseiten der Trojaner kämpften, darunter auch die „barbarisch sprechenden“ (*barbaróphonoi*) Karer, deren Heimat im südwestlichen Kleinasien lag.[1] Der Begriff „Barbaren“ begegnet uns hier in seiner ursprünglichen Bedeutung: nicht griechisch sprechend. Auch wenn Homer das Wort keineswegs wertend verwendet, beinhaltet es doch etwas Abfälliges: Die Barbaren konnten wie die Tiere nicht verständlich reden, sie „stammelten“, was das Wort lautmalerisch ausdrückt. Der Begriff ist wahrscheinlich im Laufe der griechischen Kolonisation Unteritaliens, Siziliens und Kleinasiens (ab der zweiten Hälfte des 8. Jahrhunderts v. Chr.) aufgekommen, als Griechen erstmals auf breiter Basis mit fremden, nicht griechisch sprechenden Menschen konfrontiert waren.

Die Unterscheidung zwischen Griechen und Barbaren hängt jedoch nicht allein von der Sprache ab. Auch die Staatsform spielt eine Rolle: In Athen hatte Kleisthénes mit seinen Reformen 507 v. Chr. den Grundstein für die Demokratie gelegt, das Perserreich hingegen wurde vom Großkönig regiert. Deshalb waren die Perser für die Griechen nichts anderes als Sklaven, die von ihrem König wie Tiere geführt wurden.[2] Und so fürchteten die Griechen bei den Invasionen der Perser 490 und 480/79 v. Chr. nichts mehr, als ihre Freiheit einzubüßen und selbst zu Sklaven des Großkönigs abzusinken. Der Gegensatz Griechen – Barbaren verband sich so mit dem Gegensatz Freiheit – Sklaverei.

Antike Gelehrte suchten nach Begründungen für die Unterschiede zwischen Griechen und Barbaren. Eine Theorie basierte auf der Einteilung der Erde in fünf Klimazonen: den beiden Polarzonen, je einer gemäßigten Zone auf der Nord- und Südhalbkugel und der Äquatorialzone, die ebenso wie die Polarzonen wegen ihres Klimas als unbewohnbar angesehen wurde. Im Zentrum der gemäßigten Zone der nördlichen Halbkugel lag Griechenland und bildete damit den Mittelpunkt der bekannten Welt,[3] an dem sich alle positiven Eigenschaften der Völker vereinten:

> Die Völker in den kalten Strichen und in Europa sind zwar mutvoll, haben aber wenig geistige und künstlerische Anlage und behaupten deshalb zwar leichter ihre Freiheit, sind aber zur Bildung staatlicher Verbände untüchtig und ihre Nachbarn zu beherrschen unfähig. Die asiatischen Völker haben einen hellen und kunstbegabten, dabei aber furchtsamen Geist, und deshalb befinden sie sich in beständiger Dienstbarkeit und Sklaverei. Das Geschlecht der Griechen aber hat, wie es örtlich die Mitte hält, so auch an den Vorzügen beider teil und ist mutig und intelligent zugleich. Deshalb behauptet es sich immerfort im Besitz der Freiheit und der besten staatlichen Einrichtungen und würde alle Nationen beherrschen können, wenn es zu einem Staate verbunden wäre.
>
> Aristoteles, *Politik* 9, 7

Doch nicht alle sahen die Barbaren als unzivilisierte Völker. Für Herodot beispielsweise waren die Ägypter zwar Barbaren, also Nichtgriechen, was ihn aber nicht daran hinderte, Hochachtung vor ihrer jahrtausendealten Kultur zu haben, ja sogar darauf hinzuweisen, dass auch die Ägypter Menschen mit anderer Sprache als Barbaren bezeichneten.

Im 5. und 4. Jahrhundert v. Chr. waren die Perser die einzige Großmacht. Ungeachtet einzelner Friedensabkommen (449 v. Chr. „Kalliasfriede" zwischen Athen und Persien, 387/86 v. Chr. „Königsfriede" zwischen Sparta und Persien) sahen die Griechen im Perserreich nach wie vor den „Erbfeind". Trotzdem ging so mancher Grieche, der in seiner Heimat in Ungnade gefallen war, zum Perserkönig, um bei ihm zu Ruhm und Ansehen zu gelangen oder auch nur, um sich seinen Lebensunterhalt verdienen zu können. Dabei spielte es offenbar keine Rolle, dass die Perser doch eigentlich Barbaren waren. In persischen Diensten verdingte sich beispielsweise der abgesetzte Spartanerkönig Damáratos (um 490 v. Chr.), und sogar Themistoklés, dem die Athener ihren Sieg über die Perser in der Seeschlacht bei Salamis (480 v. Chr.) verdankten. Damaratos zog gar 480 v. Chr. zusammen mit den Persern gegen Griechenland. Miltiádes, der Sieger der Schlacht von Marathon (490 v. Chr.), war 25 Jahre zuvor als Vasall zum persischen Großkönig abgewandert. Doch nicht nur prominente Einzelpersonen standen im Dienst der Perser: Berühmt ist der Zug der Zehntausend, von dem Xenophón (um 430–ca. 354 v. Chr.)[4] in seiner *Anábasis* berichtet: Kyros, der jüngere Sohn des persischen Großkönigs Dareios II., plante einen Feldzug gegen seinen Bruder und warb dafür griechische Söldner an. Zu deren Bezahlung prägte er Münzen, die den damals weit verbreiteten Tetradrachmen aus Athen nachgebildet waren, denn mit persischem Geld konnten die Söldner nichts anfangen.

Mögen die Perser auch von den jeweiligen politischen Führern in Griechenland als Barbaren, als der „Erbfeind" schlechthin dargestellt worden sein, die Realität sah also anders aus. Man muss sich daher fragen, ob die strikte Trennung zwischen Griechen und Barbaren in der Antike überhaupt so empfunden wurde oder ob sie nicht ein Zerrbild der damaligen politischen Propaganda war, das durch die Griechenlandbegeisterung des 19. und frühen 20. Jahrhunderts in unsere Vorstellung eingeflossen ist.

Die Makedonen — „griechische" Barbaren

Mit dem Aufstieg der Makedonen zu einer bedeutenden Macht wurden plötzlich andere Griechen zu „Barbaren": Die Athener fürchteten wieder einmal den Verlust ihrer Freiheit. Vor allem der Redner Demosthénes (384/83–322 v. Chr.) machte gegen die Makedonen Stimmung und bezeichnete ihren König Philipp als Barbaren. Nachdem der jedoch in der Schlacht von Chairóneia 338 v. Chr. die Herrschaft über ganz Griechenland errungen hatte, war es zweckmäßiger, fortan von einer Dreiteilung in Griechen, Makedonen und Barbaren zu sprechen, wie sie einige Jahre zuvor bereits der Redner Isokrátes (436–338 v. Chr.) vertreten hatte.

Auch die Feldzüge Alexanders des Großen (336–323 v. Chr.) änderten nichts an dieser Vorstellung. In den eroberten Ländern bildeten Makedonen und Griechen nun die Oberschicht und blieben größtenteils unter sich. Erst der Geograph Eratosthénes plädierte im 3. Jahrhundert v. Chr. für eine völlig neue Sichtweise, nach der nur noch zwischen Guten und Schlechten, Gebildeten und Ungebildeten unterschieden werden sollte.

Griechen und Römer

Griechenland, das sich einst als Zentrum der Welt empfunden hatte, rückte mit dem Erstarken einer neuen Macht mehr und mehr ins „Abseits". Ohnehin spielte sich im 3. Jahrhundert v. Chr. griechische Geschichte mehr und mehr in Kleinasien und im Vorderen Orient ab, wo die verschiedenen hellenistischen Königreiche, die sich nach Alexanders Tod gebildet hatten, damit beschäftigt waren, gegeneinander Krieg zu führen. Zur gleichen Zeit erstarkte Rom, man möchte fast meinen, von den Staaten Griechenlands nahezu unbemerkt. Jedenfalls gerieten die griechischen Kolonien in Unteritalien mehr und mehr unter römische Kontrolle, auch wenn König Pyrrhos von Epirus (in Nordwestgriechenland) 280 v. Chr. der von den Römern bedrängten Stadt Tarent zu Hilfe eilte. Für ihn war es ein Kampf gegen die „Nachfahren der Trojaner", wie er die Römer wegen ihrer mythischen Abstammung von Äneas bezeichnete. Doch Rom war nicht aufzuhalten und beherrschte schließlich nach zwei gewonnenen Kriegen gegen Karthago (Erster und Zweiter Punischer Krieg 264–241 und 218–201 v. Chr.) das westliche Mittelmeer.

Natürlich waren die Römer aus Sicht der Griechen ebenfalls Barbaren. Sie selbst bezeichneten ihre Sprache im Gegensatz zum Griechischen als „barbarisch", wenn man den Worten des Komödiendichters Plautus (um 200 v. Chr.) glauben darf. Mit dem zunehmenden Einfluss Roms schwand diese Polarisierung mehr und mehr. Einerseits mussten die Griechen Zugeständnisse machen: So wurde den Römern seit dem späten 3. Jahrhundert v. Chr. die Teilnahme an griechischen Wettkämpfen wie den Olympischen Spielen erlaubt, zu denen ursprünglich nur freie hellenische Bürger zugelassen waren.[5] Auf der anderen Seite waren die Römer selbst nicht länger bereit, sich als Barbaren verunglimpfen zu lassen. Sozusagen als Kompromiss entwickelte sich eine neue Dreiteilung der Welt in Griechen, Römer und Barbaren.[6]

Im Prinzip übernahmen die Römer das Barbarenbild der

Von Troja nach Rom

Der Sage nach verführte einst die Göttin Aphrodite den trojanischen Hirten Anchises und gebar ihm einen Sohn, der den Namen Äneas erhielt. Als Troja fiel, war Äneas bereits herangewachsen und selbst Vater eines kleinen Sohnes: Askanios, der später Julus genannt wurde. Äneas konnte sich mit seiner Familie aus dem brennenden Troja retten und gelangte nach einer abenteuerlichen Reise, die der römische Dichter Vergil (70–19 v. Chr.) in seiner *Äneis* besungen hat, nach Latium. Sein Sohn Julus gründete die Stadt Alba Longa (nahe dem heutigen Castelgandolfo). Viele Generationen später wurde dort die Königstochter Rea Silvia im Schlaf vom Kriegsgott Mars besucht. Das Ergebnis dieser Liebesnacht waren die Zwillinge Romulus und Remus, die mythischen Gründer Roms.

Griechen, allerdings mit einem wesentlichen Unterschied: In der offiziellen Politik galten die Provinzen des Römischen Imperiums nicht als Barbarenland, auch wenn deren Bewohner kein Latein sprachen und sich aus Sicht der Römer „barbarisch" kleideten, also beispielsweise Hosen trugen. Im Gegenteil: Man war stolz auf die Vielfalt der Völker, die innerhalb des Römischen Reiches friedlich zusammenlebten. Dies zeigt sich auch an den Reliefplatten des 145 n. Chr. in Rom erbauten Tempels für den vergöttlichten Kaiser Hadrian († 138 n. Chr.), auf denen Personifikationen der römischen Provinzen dargestellt sind.[7]

Wie schnell in der offiziellen Politik ein gerade erst unterworfenes Barbarenland zu einer blühenden Provinz werden konnte, lässt sich auch an den Münzen des Kaisers Trajan (98–117) ablesen: In zwei Feldzügen unterwarf er Dakien (101–102 und 105–106), das heutige Rumänien. Bald nach dem endgültigen Sieg 106 n. Chr. wurden Münzen in Umlauf gebracht, auf

Personifikation der römischen Provinz Dakien, Sesterz des Trajan, 112–114 n. Chr.

denen entweder ein trauernder oder ein gefesselter Daker auf einem Haufen abgelegter Waffen sitzt, erkennbar an der landesüblichen Tracht, Hosen und einer spitz zulaufenden Mütze. Die Beischrift lässt keinen Zweifel an der Darstellung: DAC[ia] CAP[ta est], Dakien ist eingenommen. Keine zehn Jahre später hat sich das Bild völlig geändert: Die Personifikation der Provinz, ebenfalls in landesüblicher Kleidung, sitzt beinahe majestätisch auf einem Felsen und hält ein Feldzeichen, das auf die militärische Präsenz in der Provinz weist (womit der Frieden gewährleistet ist). Vor ihr spielen zwei Kinder mit Ähren und einer Traube in den Händen, Symbol für den landwirtschaftlichen Wohlstand. Auch die Beischrift hat sich geändert und lautet nun DACIA AVGVST[a] PROVINCIA, kaiserliche Provinz Dakien.

An diesem Beispiel wird die römische Sichtweise deutlich: Barbaren sind nur diejenigen, die außerhalb der Grenzen des Römischen Imperiums leben und deshalb nicht in den Genuss der Segnungen der römischen Zivilisation kommen. Den unterworfenen Fremdvölkern hingegen wurde der „Roman Way of Life“ nahe gebracht, und auf diese Weise wurden sie immer mehr integriert, ohne ihnen ihre eigene Kultur gänzlich zu nehmen. So war es ihnen in der Regel erlaubt, ihre alten Götter weiter zu verehren. Mit der *Constitutio Antoniniana* von 212 n. Chr. wurde allen freien Bürgern des Reiches das römische Bürgerrecht zugesprochen; damit waren auch die einstigen „Barbaren“ schließlich zu Römern geworden.

In der Antike spielte die Vorstellung von den Barbaren bei der Erschaffung eines Feindbildes eine wesentliche Rolle. Die Barbaren waren fremd – und diese Fremdheit schlug sich in vielen Dingen nieder: in der Sprache, der Staatsform, den Sitten und Gebräuchen, der Kleidung, der Haar- und Barttracht oder den Essgewohnheiten. Auf jeden Fall bedrohten sie die eigene Zivilisation und konnten daher der Bevölkerung von den politischen Führern als Feindbild glaubhaft gemacht werden.

Unter den Römern änderte sich das Bild. Unterworfene Völker wurden möglichst schnell integriert, allein schon um die neuen Provinzen innenpolitisch zu stabilisieren. Und mit zunehmender Größe des Reiches blieben schließlich nur noch wenige Völker jenseits der Grenzen des Römischen Imperiums, die als Barbaren bezeichnet werden konnten, wie beispielsweise die Germanen.

Römer und Germanen

Zusammen mit den Parthern (im heutigen Irak) waren die Germanen über lange Zeit hinweg der einzige ernst zu nehmende Gegner für die Römer. Kaiser Augustus (27 v.–14 n. Chr.) versuchte, ihr Land bis an die Elbe zu erobern, musste seine ehrgeizigen Pläne aber nach der vernichtenden Niederlage des Varus im Teutoburger Wald 9 n. Chr. aufgeben. Zwei Dinge machten den Römern in Germanien schwer zu schaffen: Das Fehlen einer zentralen Regierung – jeder Stammesfürst hatte im Prinzip uneingeschränkte Macht über sein Volk – und die Landesnatur mit ihren unendlichen Wäldern und Sümpfen.[8] Die Römer mussten sich durch unwirtliches Gelände schlagen, in dem sie ihre gewohnte Taktik nicht anwenden konnten, und mühsam gegen einen Stamm nach dem anderen kämpfen statt „nur“ gegen ein gesamtgermanisches Heer oder einen König aller Germanen, mit dessen Untergang ganz Germanien auf einen Schlag hätte erobert werden können.

Landesnatur und Gesellschaft Germaniens bildeten damit einen Gegensatz zur römischen Zivilisation. Der Historiker Tacitus verfasste ein Werk mit dem Titel *De origine et situ Germanorum* (Über Ursprung und Wohnsitz der Germanen, erschienen 98 n. Chr.), in dem er das Land mit seinen Menschen, ihren Lebensgewohnheiten, Sitten und Bräuchen beschreibt. Doch Tacitus' Anliegen bestand nicht darin, gegenüber seinen Landsleuten das Bild eines unzivilisierten Feindes zu entwerfen, der die römische Zivilisation bedroht. Vielmehr wollte er den kultivierten, aber zur Dekadenz neigenden Römern eine Gegengesellschaft vor Augen führen, eine Gesellschaft, die bei aller Unzivilisiertheit moralische Werte besaß, die in Rom längst verloren gegangen waren:

> So leben die Frauen in wohlbehüteter Sittsamkeit, nicht durch lüsterne Schauspiele, nicht durch aufreizende Gelage verführt [...]. Überaus selten ist trotz der so zahlreichen Bevölkerung ein Ehebruch [...] Dort lacht nämlich niemand über Ausschweifungen, und verführen und sich verführen lassen nennt man nicht „modern".
>
> TACITUS, *Germania* 19

Sicher entsprachen die Schilderungen von Tacitus nicht in allen Punkten den tatsächlichen Gegebenheiten. So manches Klischeebild, das bei den Römern über die Barbaren im Allgemeinen verbreitet war, ist in sein Werk eingeflossen, so z. B., dass die Kinder nackt und schmutzig heranwuchsen (Tacitus, *Germania* 20). Doch entscheidend ist, dass die Barbaren nicht länger nur als Feinde gesehen wurden, sondern in gewisser Weise auch als Vorbild dienen konnten.

Berührungsängste: Kontakte zu fremden Völkern

Zu einem „erfolgreichen“ Feindbild gehört nicht nur, dass man den Gegner verunglimpft. Wichtig ist auch, dass niemand das Gegenteil beweisen kann, mithin niemand auf den Gedanken kommt, dass der Feind doch eigentlich gar nicht so bedrohlich ist.

Dazu hätten die Griechen und Römer ihre Gegner näher kennen müssen. Tatsächlich gab es aber kaum unmittelbare Kontakte zwischen den Menschen verschiedener Völker, die zum gegenseitigen Kennenlernen und Verstehen geführt haben könnten. Gelegenheit zum Reisen hatten nur relativ wenige. Wenn man reiste, dann nicht zum Vergnügen, sondern aus Notwendigkeit, wie beispielsweise politische Gesandte, Söldner und Kaufleute.

Wie viel wussten Griechen und Römer eigentlich von anderen Völkern? Welche Kenntnisse besaßen sie in der Geographie und der Volkskunde? Aufgrund ihrer topographischen Lage fuhren die Griechen schon früh zur See, was sich auch in den Mythen widerspiegelt: Über das Meer – nicht über Land – zogen die Griechen nach Troja, auch Jason erreichte in der Argonautensage Kolchis im heutigen Georgien auf dem Seeweg, um dort das Goldene Vlies zu erringen.[1] Funde griechischer Keramik zeugen von den weit reichenden Handelsbeziehungen, die bereits im 2. Jahrtausend v. Chr. bestanden, so auch in

Amarna, der kurzlebigen, um 1345 v. Chr. gegründeten Hauptstadt des ägyptischen Ketzerkönigs Echnaton.

Die griechischen Kaufleute und Seefahrer besaßen daher schon im 2. Jahrtausend v. Chr. Kenntnisse über andere Länder und Völker im östlichen Mittelmeerraum. Vor allem auf der Suche nach neuen Absatzmärkten für ihre Waren drangen Griechen, Phönizier und Karthager immer weiter vor.

Um 500 v. Chr. unternahmen zwei Seefahrer unabhängig voneinander Erkundungsreisen. Sicher waren sie nicht die Einzigen und wohl auch nicht die Ersten; doch ihre Namen sind der Nachwelt durch ihre Reiseberichte erhalten geblieben, die beide den Titel *Períplus* (Umsegelung) tragen. Der Karthager Hanno wandte sich hinter den Säulen des Herakles (der Straße von Gibraltar) nach Süden, wohl mit dem Ziel, den Handel weiter auszudehnen. Leider sind seine Beschreibungen nicht eindeutig, sodass wir nicht sagen können, wie weit er an der afrikanischen Westküste vorgedrungen ist.

Skylax aus Karyanda im südwestlichen Kleinasien erkundete 519–512 v. Chr. im Auftrag des Perserkönigs Dareios verschiedene Seewege: Er gelangte über den Indus bis an die indische Küste und umsegelte die arabische Halbinsel. Unter seinem Namen sind Fragmente eines Reiseberichtes überliefert, der neben dem Mittelmeer die Atlantikküsten Europas beschreibt.

> Asien ist größtenteils erst unter Dareios entdeckt. Der wollte gern wissen, wo der Indus, der einzige Fluss außer dem Nil, in dem es Krokodile gibt, ins Meer münde, und schickte dazu eine Anzahl Männer, denen er zutraute, dass sie die Wahrheit sagen würden, darunter auch Skylax aus Karyanda, mit einer Flotte aus. HERODOT, *Historien* 4, 44

Die Küstenregionen rund um das Mittelmeer und Arabiens sowie die europäischen und wenigstens zum Teil die afrikanischen

Atlantikküsten waren bekannt. Mit den Eroberungszügen Alexanders des Großen (336–323 v. Chr.), die ihn bis in das heutige Pakistan führten, nahm das Wissen über fremde Länder und Völker noch einmal enorm zu.[2]

An der wissenschaftlichen Aufarbeitung mangelte es nicht: Es gab in der Antike eine Reihe herausragender Gelehrter, die sich mit Geographie und Volkskunde beschäftigten, wie beispielsweise Eratosthénes, der den Erdumfang bereits im 3. Jahrhundert v. Chr. annähernd genau berechnet hatte,[3] Strabon mit seinen wohl um 25 n. Chr. veröffentlichten *Geographiká* und im 2. nachchristlichen Jahrhundert der Astronom Klaudios Ptolemaios.

Wahrheit und Fiktion

Doch die breite Bevölkerung hatte an diesem hohen Wissensstand keinen Anteil. Gern lauschte man freilich den Geschichtenerzählern, hörte spannende Abenteuer aus fernen Ländern und Beschreibungen von absonderlichen Wesen. Hier liegt ein entscheidender Punkt, der die Vorstellung der Griechen und Römer von der Geschichte ebenso wie der Geographie aus moderner Sicht geprägt hat: die Vermischung von Wahrheit und Fiktion.[4] Mythen waren für die Griechen geschichtliche Ereignisse, Teil ihres großen historischen Erbes. Von den Amazonen beispielsweise glaubte man, dass sie wirklich existierten. Da sie seit Menschengedenken noch niemand zu Gesicht bekommen hatte, wurde angenommen, dass sie am Rande der bewohnbaren Welt lebten. Auch die zunehmenden geographischen Kenntnisse änderten nichts an dieser Vorstellung; man räumte nur ein, dass die Amazonen offenbar weiter weg lebten, als bisher vermutet wurde.

Auch in erhaltenen Schriften lässt sich diese Tendenz, die

Das geographische Werk des Solinus

Bei diesem Werk handelt es sich um eine Küstenbeschreibung von Europa, Afrika und Asien, die vor allem auf der *naturalis historia* (Naturgeschichte) des älteren Plinius (23–79 n. Chr.) basiert. Es ist die älteste erhaltene antike Quelle, die den Begriff *mare mediterraneum* (Mittelmeer) verwendet. Zur Erbauung seiner Leser füllte Solinus die weit entfernten und noch unerforschten Gegenden der Welt mit merkwürdigen Wesen wie Menschen ohne Köpfe oder mit nur einem Auge. Der Unterhaltungswert des Buches führte dazu, dass es in der Spätantike und im Mittelalter große Verbreitung erfuhr und gern als Quelle für mittelalterliche Reisebeschreibungen verwendet wurde.

Vermischung von Wahrheit und Fiktion, feststellen: Im 3. nachchristlichen Jahrhundert verfasste ein gewisser Gaius Julius Solinus ein Buch mit dem Titel *Collectanea rerum memorabilium* (Sammlung merkwürdiger Dinge).

Wie der Titel des Werkes sagt, besaß Solinus eine besondere Vorliebe für „merkwürdige Dinge“, die er zur Unterhaltung der Leser zusammengetragen hatte. Auch die älteste erhaltene geographische Abhandlung in Latein, das Buch *De chorographia* (Beschreibung der bewohnten Welt) von Pomponius Mela (erschienen 43/44 n. Chr.) bevölkert die entlegensten Gebiete der Welt mit allerlei absonderlichen Wesen und Monstern, während es über andere entfernte Gegenden wie z. B. Jütland erstaunlich genaue Angaben liefert.

Tacitus und Herodot

Tacitus (um 55–120 n. Chr.) verfasste nicht nur seine Geschichtswerke[5], sondern auch einen Band zur Volkskunde der

Ungeheuer und Fabelwesen am Ende der Welt verzeichnen nach antikem Vorbild noch mittelalterliche Handschriften. Abb. aus *Li Livres du Graunt Caam* (Marco Polo *Reisen*).

Germanen (s. S. 24). Doch der Historiker Tacitus war viel zu sehr Römer, um sich ernsthaft für die Lebensgewohnheiten der Germanen zu interessieren. Wie er wirklich über das Land dachte, geht aus seinen Worten hervor:

> Wer hätte auch – abgesehen von den Gefahren des schrecklichen und unbekannten (Nord-)Meeres – Asien oder Afrika oder Italien verlassen und Germanien aufsuchen wollen, landschaftlich ohne Reiz, rau im Klima, trostlos für den Bebauer wie für den Beschauer. TACITUS, *Germania* 2

Man darf kaum annehmen, dass Tacitus selbst die Sitten und Bräuche der Germanen studiert hat. Vielmehr trug er Informationen aus zweiter Hand zusammen, reihte altbekannte Klischees von den Barbaren aneinander und idealisierte dem damaligen Trend entsprechend das „Naturvolk“ der Germanen.

Wie alle Historiker orientierte sich auch Tacitus an Herodot (ca. 485–425 v. Chr.), dem „Vater der Geschichtsschreibung“. Herodots *Historien* schlagen einen Bogen vom Trojanischen Krieg zu den Perserkriegen bis 479 v. Chr. Thema seines Werkes ist der Gegensatz zwischen der griechischen Demokratie und der persischen Gewaltherrschaft. Darin eingebettet sind Schilderungen verschiedener Länder und Völker, die besonders deshalb bemerkenswert sind, weil sich Herodot im Gegensatz zu Tacitus offenbar die Mühe gemacht hatte, seine Quellen[6] wenigstens teilweise zu überprüfen, indem er selbst einige dieser Länder – z. B. Ägypten – bereiste.

> Auch abgesehen von dieser [...] Geschichte habe ich in Memphis von den Hephaistos-Priestern noch manches gehört und mich deswegen nach Theben und Heliupolis begeben, um mich zu überzeugen, ob man darüber dort ebenso dächte wie in Memphis. Die Priester in Heliupolis sollen nämlich unter allen Ägyptern in den alten Geschichten am besten bewandert sein. HERODOT, *Historien* 2, 3

Das Bild, das sich die Griechen und Römer von fremden Völkern machten, war trotz aller Erkundungsreisen und Forschungen voller Legenden und Märchen. Nur wenige hatten die Gelegenheit, die Fremden selbst näher kennen zu lernen. Und so konnte kaum jemand die Schreckensbilder, die in der politischen Propaganda vom Feind gemalt wurden, widerlegen.

Propaganda: Die Darstellung des Feindes

Auf welche Weise wurde den Menschen der Antike ein Feindbild vermittelt? Wie sah die politische Propaganda der Machthabenden aus? Welche Medien gab es dafür? Da nicht jeder lesen konnte, fand Propaganda in erster Linie in öffentlich gehaltenen Reden, beispielsweise auf dem Forum, oder in Bildern statt. Berühmt ist der Ausspruch des älteren Cato (234–149 v. Chr.) „ceterum censeo Carthaginem esse delendam“ (im Übrigen bin ich der Meinung, dass Karthago zerstört werden muss), den er immer wieder an seine Reden angehängt haben soll, um einen Krieg gegen Karthago zu propagieren.

Ein anderes Beispiel für politische Propaganda ist uns aus den Jahren vor der Schlacht bei Chaironeia in Mittelgriechenland 338 v. Chr. überliefert, in der die Athener mit ihren Verbündeten von den Makedonen unter König Philipp II. (359–336 v. Chr.) besiegt wurden: Der griechische Redner Demosthenes (384/83–322 v. Chr.) fürchtete wegen der zunehmenden Macht der Makedonen um die politische Unabhängigkeit Athens. Daher schürte er die Ängste der Athener und erschuf ein Feindbild, indem er den Makedonenkönig als Barbaren bezeichnete, während andere Athener, wie beispielsweise der Redner Isokrates (436–338 v. Chr.), den eigentlichen Feind nicht in den Makedonen sahen, sondern in den Persern: Ihrer Meinung nach besaß ein unter makedonischer Herrschaft vereintes Griechenland eine gute Chance, gemeinsam gegen den alten „Erbfeind“ Persien vorzugehen. Hier treffen zwei politische Standpunkte aufeinander. Und doch zielen beide Parteien mit ihrer Argumentation auf die Angst der Athener Bevölkerung vor den Barbaren, Demosthenes auf die Makedonen, Isokrates auf die Perser.

Die Anfänge der Propaganda

Für uns scheint Propaganda erst im Zusammenhang mit dem wohl einschneidendsten Ereignis in der griechischen Geschichte, den Perserkriegen, fassbar zu werden. Tatsächlich hatten die Athener am meisten zu verlieren: Ihnen ging es nicht nur um politische Unabhängigkeit, sondern auch um die Verteidigung ihrer gerade erst entstandenen Demokratie gegenüber der persischen Königsherrschaft. Und tatsächlich haben die Athener am meisten gewonnen: Mit dem neu erworbenen Selbstbewusstsein erlebte die Stadt in den folgenden Jahrzehnten unter dem Staatsmann Perikles (495/90–429 v. Chr.) ein goldenes Zeitalter, dem erst die Niederlage im Peloponnesischen Krieg ein Ende bereitete.

Sichtbarer Ausdruck dieses neuen Selbstbewusstseins ist der Parthenon auf der Athener Akropolis. Der ganze Tempel ist sozusagen in Stein umgesetzte Propaganda, deren Adressat nicht Athen war, sondern das übrige Griechenland, dem man damit die Größe der Stadt vor Augen führen wollte. Denselben Zweck verfolgten auch die ionischen Riesentempel an der kleinasiatischen Küste, die im 6. Jahrhundert v. Chr. in Ephesos, Didyma und auf Samos entstanden sind: Ausdruck der Macht einer Stadt oder eines Tyrannen. Damit steht der Parthenon in der Tradition dieser Tempel.

Kampf der Griechen gegen die Amazonen. Fries am Grabmal des Königs Maussollos, um 350 v. Chr.

Der ebenbürtige Feind

In der griechischen Klassik (5.–4. Jahrhundert v. Chr.) wird Bildpropaganda sehr viel subtiler zum Ausdruck gebracht als in späteren Zeiten. Die Römer hätten den Sieg der Athener und ihrer Bundesgenossen über die Perser wahrscheinlich durch Kämpfe zwischen dominierenden Griechen und unterlegenen, Hosen tragenden Barbaren zum Ausdruck gebracht. Nicht so die Klassik, wie am Beispiel des Parthenon (447–438 v. Chr.) deutlich wird. Giebel und Fries nehmen auf die „Hausherrin", die Göttin Athena, Bezug, nur die Metopen sind vier mythischen Kämpfen zwischen Griechen und Feinden der Zivilisation gewidmet: Die Gegner sind auf der Südseite des Tempels die Kentauren, im Osten die Giganten, im Westen die Amazonen und an der Nordseite die Trojaner. Amazonen und Trojaner wohnten ebenso wie die Perser im Osten, jenseits des Ägäischen

Meeres; zu diesen beiden Völkern wurde also die Beziehung hergestellt. Doch die Darstellung zeigt die Feinde nicht unbedingt als unterlegene, sondern häufig als ebenbürtige Gegner.

Auch der hundert Jahre später entstandene Amazonomachie-Fries am Grabmal des Königs Maussollos (377–353 v. Chr.) in Halikarnassos (heute Bodrum an der türkischen Südwestküste), einem der Sieben Weltwunder, zeigt noch dieselbe Tendenz: Die Darstellung besteht größtenteils aus Zweikämpfen zwischen Griechen und Amazonen, wobei jede der beiden Parteien in der Rolle des Siegers oder Verlierers auftreten kann. Dabei tragen die Griechen außer ihren Waffen nur einen Helm, während die Amazonen mit einem kurzen Chiton[1] bekleidet sind. In der Realität wird kein Grieche nackt gekämpft haben, wir befinden uns ja auch im Mythos, in dem die Griechen wie Heroen auftreten können. Und gerade darin liegt der dezente Hinweis, wer denn die eigentlichen Helden der Geschichte sind. Ob Maussollos allerdings mit seiner Themenwahl auch eine bestimmte politische Aussage im Reliefschmuck seines Grabmals versteckt hat, nämlich dass er im Grunde seines Herzens zu den Griechen tendierte, auch wenn er das Amt eines persischen Satrapen bekleidete, darüber darf spekuliert werden.

Der unterlegene Feind

In der folgenden Epoche, dem Hellenismus (323–31 v. Chr.), sind die Feinde – reale wie mythische – in der Bildkunst als Unterlegene dargestellt. Besonders eindrucksvoll ist die Unterlegenheit der Feinde an einem Weihgeschenk im Athena-Heiligtum von Pergamon in Szene gesetzt, das Attalos I. (241–197 v. Chr.) nach seinem Sieg über die Gallier/Galater aufstellen ließ. Zu den Figuren, die diesem Monument zugewiesen werden, gehören der sogenannte Sterbende Gallier (heute Rom, Ka-

Der „sterbende Gallier". Figur eines Weihgeschenks Attalos' I. von Pergamon (241–197 v. Chr.).

pitolinische Museen) und die Gruppe eines Galliers mit seiner Frau (heute Rom, Thermenmuseum): Um einer schmachvollen Gefangennahme zu entgehen, hat der Krieger seine Frau getötet und wendet nun sein Schwert gegen sich selbst. Mag dem besiegten Gegner in beiden Fällen auch eine gewisse Würde geblieben sein, er ist deutlich als Unterlegener charakterisiert.

Auch in der römischen Bildkunst erscheinen die Feinde vorzugsweise als Unterlegene. Auf den historischen Reliefs der römischen Kaiserzeit, also auf Reliefs, die ein konkretes historisches Ereignis zum Thema haben, sind die Feinde zwar in gleicher Größe wie die Römer dargestellt. Erkennbar sind sie vor allem an ihrer Kleidung (z. B. Hosen), mit der sie sich deutlich von den Römern absetzen. In der direkten Konfrontation beider Parteien wird aber schnell klar, dass die Römer (natürlich) die Überlegenen sind, so beispielsweise auf der Trajanssäule in Rom (113 n. Chr. geweiht), auf der die beiden Kriege des Kai-

Ein Römer wirft einen Daker nieder. Relief auf der Trajanssäule (Trajansforum in Rom), 113 n. Chr.

sers gegen die Daker (im heutigen Rumänien) 101/02 und 105/06 n. Chr. in einer Folge von mehr als hundert Bildern (siehe Abb. oben) dargestellt sind: In den Schlachtszenen sind die Daker größtenteils bereits zu Boden gesunken oder tot, ein Schicksal, das offenbar keinem Römer widerfahren ist. Man sieht Frauen, Kinder und Alte auf der Flucht oder Daker, die sich den Römern flehend unterwerfen. Ähnliche Szenen zeigt auch der Bogen des Septimius Severus in Rom von 203 n. Chr., auf dem die Feinde (hier sind es die Parther) einen eher desorganisierten Eindruck hinterlassen.

Propaganda auf römischen Münzen

Dass man Münzen zu Propagandazwecken nutzen kann, darf überhaupt als „Erfindung“ der Römer gelten. Ursprünglich verwendete jede Stadt und jeder Herrscher festgelegte Bildtypen, die eindeutig auf den Münzherrn wiesen, der die Echtheit garantierte (Beispiele vgl. S. 38).

Auch die Römer folgten nach der Einführung der Denar-Währung vor 211 v. Chr. diesem Prinzip. Gegen Ende des 2. Jahrhunderts v. Chr. wich diese stereotype Darstellung individuelleren Münzbildern: Die zuständigen Beamten, die Münzmeister, wählten Heldentaten berühmter Vorfahren, um damit für ihre eigene Person und ihre weitere Karriere zu werben: Sie bauten darauf, dass in den Augen der Öffentlichkeit der Sohn einer Familie, die in der Vergangenheit große Leistungen vollbracht hatte, automatisch für die höhere Ämterlaufbahn qualifiziert war.

Gegen Ende der Republik prägten große Feldherren wie Caesar oder Pompejus unabhängig von der offiziellen Münzstätte selbst, um ihre Soldaten zu entlohnen. Natürlich nahmen sie bei den Münzbildern auf sich und ihre Taten Bezug. In der frühen Kaiserzeit, im 1. Jahrhundert n. Chr., entwickelte sich daraus ein festes Schema: auf der Vorderseite der Kopf des Kaisers oder eines Familienmitglieds, auf der Rückseite der Hinweis auf seine Taten und Tugenden.

Dabei nahmen Darstellungen, die auf militärische Operationen des Kaisers hinwiesen, breiten Raum ein: Die Siegesgöttin Victoria erscheint mit verschiedenen Beinamen, die auf die jeweiligen Siege hinweisen, z. B. *Victoria Germanica* unter Maximinus Thrax (235–238). Maximinus hatte freilich nicht Germanien erobert, wie der Beiname der Siegesgöttin vermuten lassen könnte, er war nur über den Rhein vorgedrungen, um die

Typische Münzbilder

Athen: Kopf der Göttin Athena auf der Vorderseite / Eule auf der Rückseite
Korinth: Flügelpferd Pegasos / Kopf der Göttin Athena
Königreich der Ptolemäer in Ägypten: Kopf des Dynastiegründers Ptolemaios I. / Adler
Rom (vor 211 v. Chr. bis zum Ende des 2. Jhs. v. Chr.): Kopf einer behelmten Göttin[2] / die Zwillinge Castor und Pollux, die Schutzgötter der römischen Reiterei, auf galoppierenden Pferden

Germanen einzuschüchtern und seinen Soldaten zu reicher Beute zu verhelfen.

Beliebt war auch die Darstellung besiegter Feinde: die Männer gefesselt, die Frauen trauernd neben einem Siegesmal (*tropaeum*) oder auf zerbrochenen Waffen sitzend. Vespasian (69–79 n. Chr.) verwendete solche Bilder, um auf die Siege, die er zusammen mit seinem Sohn Titus (79–81) über die aufständischen Juden errungen hatte, aufmerksam zu machen, meist mit der erläuternden Beischrift *Judaea capta*, Judäa ist eingenommen. Eigentlich ist das Wort *capta* nicht korrekt, denn es bezeichnet einen auf militärischem Wege errungenen Gebietsgewinn für das Römische Reich. Tatsächlich wurde die römische Provinz Judäa aber schon 6 n. Chr. eingerichtet, lange vor dem Aufstand. Vespasian betreibt hier Propaganda für sich selbst, denn er benötigte dringend eine Legitimation für seinen Anspruch auf den Thron: Alle Kaiser von Augustus bis Nero gehörten einer Familie an, dem julisch-claudischen Kaiserhaus, das mit dem Tod Neros (68 n. Chr.) erloschen war. Die nachfolgenden Kaiser, die sich nicht auf Familienbande stützen konnten, mussten sich daher nach ihrem Regierungsantritt sofort eine solide Machtbasis schaffen, die sich entweder auf den römischen Senat oder – besser – auf das Militär gründete.

Feinde wurden in der kaiserzeitlich-römischen Münzprägung stets deutlich klein und unterlegen dargestellt. So sprengt der Kaiser als *semper victor* (der ständige Sieger) über sie hinweg oder zerrt sie an den Haaren hinter sich her. In der Spätantike (4. Jahrhundert n. Chr.) werden individuelle Völker kaum noch unterschieden: Konstantin der Große (306–337) nennt sich auf Goldmedaillons *debellator gentium barbararum* (Bezwinger der Barbarenvölker), sein Sohn Constans (337–350) lässt sich auf Silbermedaillons als *triumfator gentium barbararum* (Triumphator über die Barbarenvölker) feiern. Damit tritt der Kaiser nicht mehr nur als Sieger über ein bestimmtes Volk wie die Germanen oder die Juden hervor, sondern als mächtiger Kriegsherr, der mühelos in der Lage ist, alle Barbaren, die außerhalb der Grenzen des Reiches leben, niederzuwerfen.

Die römische Münzpropaganda versucht nicht, in den Menschen Ängste vor einem drohenden Feind aufzubauen. Sie zielt vielmehr darauf, den Kaiser als Sieger über alle Völker, die es wagen, sich gegen das Römische Reich aufzulehnen, darzustellen. Und hier liegt auch der Grund dafür, dass die Feinde auf Münzen stets als Unterlegene dargestellt werden: Sie sind keine Bedrohung (mehr), dafür hat der Kaiser schon gesorgt.

Propaganda, die „Werbetätigkeit einer […] Partei oder eines Staates zur Beeinflussung der öffentlichen Meinung durch publizistische Mittel",[3] kann vielfältige Formen und Ziele haben. In den aus der Antike erhaltenen Reden geht es um ein konkretes politisches Ziel, für das geworben wird. Häufig spielten die Redner dabei mit den Ängsten der Menschen. Bildpropaganda hingegen will Macht und Überlegenheit demonstrieren, sie dem eigenen Volk vor Augen führen und gleichzeitig andere damit beeindrucken.

Integration oder Assimilation?
Unterworfene Völker

Mit den Feldzügen Alexanders des Großen (336–323 v. Chr.) wurde ein riesiges Gebiet politisch gesehen griechisch (oder besser makedonisch): Das gesamte Kleinasien bis zum Indus, die Levanteküste und Ägypten. Doch konnte das Griechentum die unterworfenen Völker auch geistig durchdringen? Dies hing von verschiedenen Faktoren ab: zum einen von der Entfernung, die zwischen dem jeweiligen Gebiet und Griechenland lag, zum anderen von der Kultur, die ein Volk mitbrachte. Das westliche Kleinasien war zuerst hellenisiert, immerhin befanden sich dort seit Längerem griechische Kolonien, die schon zuvor auf die angrenzenden Völker wie Karer oder Lykier (beide in Südwest-Kleinasien) ausgestrahlt hatten, zumindest auf die Oberschicht. Erkennbar ist das am Bauschmuck verschiedener Monumente, die von griechischen Künstlern mit griechischen Themen geschmückt wurden. Beispiele sind das bereits erwähnte Grabmal des karischen Königs Maussollos in Halikarnassos oder das sogenannte Nereiden-Monument in Xanthos (Lykien, um 390/80 v. Chr. – heute London, British Museum).

Ägypten hingegen konnte auf eine jahrtausendealte Hochkultur zurückblicken; dort übernahm die makedonische Führungsschicht um die Ptolemäer-Könige nach und nach einheimische Sitten, die den Griechen eigentlich völlig zuwider waren: etwa die Geschwisterehe oder die Stellung des Königs als lebender Gott. Doch die Makedonen blieben als Elite im Wesentlichen unter sich, streng getrennt vom einfachen Volk, das weiterhin seine Traditionen wahrte und den alten Göttern opferte. Mit der Einführung des ägyptisch-ptolemäischen „Einheitsgottes“ Sarapis wurde der Versuch unternommen, diese Unterschiede nach außen hin auszugleichen. Sarapis war ursprünglich ein ägyptischer Gott, dessen Hauptheiligtum sich in Memphis befand; er umfasste Aspekte des Totengottes Osiris und des Stiergottes Apis. Die Ptolemäer schufen aus ihm einen griechisch-ägyptischen Gott, der wie sein Vorbild Komponenten verschiedener Götter in sich vereinigte, vor allem des Zeus und des Herrn der Unterwelt, Hades. In Alexandria wurde er außerdem als Schutzgott der Stadt verehrt.

Weit im Osten, in Baktrien, dem heutigen Afghanistan, hat sich der hellenistische Einfluss noch so weit bemerkbar gemacht, dass die Münzen der baktrischen Könige griechische Götter abbildeten und wenigstens auf einer Seite eine griechische Legende trugen. Doch inwieweit der Hellenismus das Volk durchdrungen hat, ist offen: Wahrscheinlich bildete hier ähnlich wie in Ägypten nur die Oberschicht eine hellenisierte Elite, die sich von der „barbarischen“ Bevölkerung absonderte. Von Integration kann also keine Rede sein, bestenfalls von einer gewissen Assimilation, die sich jedoch auf die herrschende Schicht beschränkte.

Auch die Römer hatten ihren Dünkel. Man sah nicht nur auf die Barbaren herab, schon jemand, der zwar aus Italien, aber nicht aus Rom stammte, hatte es nicht leicht. Cicero beispielsweise musste sich wegen seiner Herkunft vom Lande so manchen Spott gefallen lassen. Mit Trajan (98–117) wurde schließlich ein Mann aus einer Provinz Kaiser, bezeichnenderweise aus Hispanien, einer schon lange romanisierten Provinz.

Im Hinblick auf fremde Völker, die in das Imperium eingegliedert wurden, scheinen die Römer nicht anders als die hellenistischen Könige vorgegangen zu sein: Vereinfacht gesagt wurde – vor allem in der Kaiserzeit – nur die „Führungsspitze“ gegen Römer ausgetauscht, ansonsten ließ man die internen Strukturen bestehen. Auch den alten Göttern durfte weiter geopfert werden, vorausgesetzt, die neuen Reichsbewohner beteiligten sich an den römischen Staatskulten. Und doch gelang es den Römern im Gegensatz zu den Griechen, viele Völker an das Imperium zu binden und damit die Stabilität des Staates über Jahrhunderte aufrechtzuerhalten.

Zwei Faktoren spielten dabei eine wesentliche Rolle: das Militär und die Wirtschaft. Einen Großteil der nach der Niederlage des Varus im Teutoburger Wald 9 n. Chr. noch existierenden 25 Legionen stationierte Augustus entlang der Grenzen an besonders gefährdeten Punkten, beispielsweise in den beiden lang gestreckten germanischen Provinzen, die eigentlich nur aus einem verhältnismäßig schmalen Streifen linksrheinischen Gebietes bestanden und vor allem zu dem Zweck geschaffen worden waren, das reiche Gallien vor Einfällen aus dem freien Germanien zu schützen. Auch in Syrien waren viele Truppen konzentriert, denn von hier aus war es nicht weit zu dem anderen gefährlichen Gegner, den Rom nie unterwerfen konnte: den Parthern.

Soldaten als Mittel zur „Romanisierung“

In der frühen Kaiserzeit, als sich das neue römische Weltreich konsolidieren musste, kam es häufig zu Truppenverlegungen. Spätestens seit dem 2. Jahrhundert n. Chr. jedoch behielten viele Legionen ihr Stammlager bis in die Spätantike. Die Legio XX Valeria Victrix beispielsweise stand unter Augustus zunächst in Spanien, später auf dem Balkan, bevor sie nach der Niederlage des Varus als Ersatz für eine der drei vernichteten Legionen nach Germanien abkommandiert wurde. 43 n. Chr. war sie dann am Feldzug des Claudius nach Britannien beteiligt, wo sie schließlich blieb. Auch die Legio XIV Gemina Martia Victrix kam 9 n. Chr. vom Balkan an den Rhein und später mit Claudius nach Britannien. Im Jahr 66 n. Chr. wurde sie von Nero abgezogen und an verschiedenen Krisenherden eingesetzt, bis sie nach Pannonien (Ungarn) gelangte. Spätestens seit 114 ist sie in Carnuntum (östlich von Wien) bezeugt.

Um die langjährigen festen Standlager der Legionen bildeten sich im Laufe der Zeit zivile Siedlungen, deren Einwohner von den Truppen der römischen Besatzung lebten. Ohne Zweifel gab es auch so manche engere Beziehung auf zwischenmenschlicher Ebene. Durch die vielfältigen Verflechtungen wurden die Legionen quasi sesshaft und damit immer weniger mobil. Seit dem späteren 3. Jahrhundert n. Chr., als das Römische Reich von vielen Seiten bedrängt wurde, war jedoch eine schnelle Eingreiftruppe gefragt, keine behäbigen Legionen. Dieser Situation trug Diokletian (284–305) mit seiner Militärreform Rechnung: Das Heer wurde in eine stehende Grenztruppe und eine bewegliche Einsatztruppe aufgeteilt.

Viele Veteranen ließen sich nach dem Ende ihres Militärdienstes in der Provinz nieder und heirateten eine einheimische Frau. So auch ein gewisser Julius Aventinus, dem Namen nach ein Römer, der in der Legio I Minervia in Bonn gedient hatte, bevor er sich in oder um Lyon ansiedelte, wo auch sein Grabstein[1] gefunden wurde, den ihm seine Frau Julia Frigia setzen ließ. Aus dem unrömischen Namen Frigia geht hervor, dass sie keine Römerin von Geburt war; erst mit der Heirat hatte sie das Bürgerrecht erhalten und von ihrem Mann dessen Familiennamen (Julia) übernommen.

Überhaupt stellten die Veteranen ein nicht zu unterschätzendes politisches Mittel zur Romanisierung dar. Augustus siedelte viele ehemalige Soldaten in Kolonien an, die mitten in gerade unterworfenen Gebieten lagen, einerseits zur Abschreckung, andererseits um die Romanisierung zu beschleunigen. Ein Beispiel für eine Veteranensiedlung ist Augusta Praetoria, das heutige Aosta, das 25 v. Chr. nach dem Sieg über die dortigen Stämme gegründet wurde.

Kulturelle Verschmelzung

Einen Ort wie Mainz kann man sich in der römischen Antike als Schmelztiegel vorstellen, in dem die einheimische keltische Bevölkerung mit dem römischen Militär zusammentraf, das zeitweise bis zu vier Legionen, um die 20 000 Mann Iststärke, umfasste, dazu Hilfstruppen, alle aus verschiedenen Gegenden des Reiches rekrutiert. Ab dem späten 1. Jahrhundert n. Chr. wurde das Militär in Mainz auf eine Legion mit ihren Hilfstruppen reduziert. Dafür residierte hier nun der Statthalter der Provinz *Germania Superior* (Obergermanien). Mit ihm kamen erstmals Verwaltungsbeamte in die Stadt.

Der Rhein war keineswegs nur Grenze, sondern außerdem Handelsweg, wie Schiffsfunde aus Mainz belegen. Handel

Mainz zur Römerzeit

Mainz verfügte über zwei Lager, das Legionslager und das der Hilfstruppen in Mainz-Weisenau, daneben ein ausgedehntes Areal ziviler Siedlungen in der Nähe der beiden Lager sowie ein Kastell als Brückenkopf auf rechtsrheinischer Seite (Mainz-Kastel), um das sich ebenfalls eine Siedlung entwickelte.

wurde aber auch mit dem freien Germanien betrieben, denn die Grenze war keineswegs undurchlässig.

Inschriften liefern Informationen über die kulturelle Verschmelzung, einen Prozess, der bei einem dichten Nebeneinander unterschiedlicher Kulturen zu erwarten ist, aber keineswegs selbstverständlich war, wie das Beispiel Ägyptens gezeigt hat. Auch im religiösen Bereich lässt sich diese Verschmelzung nachweisen: Ein Altar[2] aus Rätien, der sich heute im Museum von Augsburg befindet, ist Apollo Grannus geweiht. Grannus war ein keltischer Heilgott, der hier mit seinem römischen Pendant Apollo gleichgesetzt wird. Ein anderer, in Köln gefundener Altar[3] wurde nicht von einem einfachen Mann, sondern vom ranghöchsten Militär des Reiches, dem Präfekten der kaiserlichen Leibgarde (den Prätorianern) Titus Flavius Constans einer einheimischen Göttin namens Vagdavercustis gesetzt (siehe dazu die Abb. auf Seite 46).

Doch es waren nicht nur römische und keltische Gottheiten, die an Rhein und Donau aufeinandertrafen. Soldaten brachten aus anderen Reichsteilen weitere Kulte mit, die sich vor allem beim Militär großer Beliebtheit erfreuten. Einer von ihnen war Jupiter Dolichenus, eigentlich der Hauptgott der Stadt Doliche in Kappadokien, der mit Jupiter gleichgesetzt wurde. Seine charakteristischen Kultbilder, die in vielen Orten, an denen Truppen lagen, gefunden wurden, zeigen den Gott mit einer Doppelaxt und einem Blitzbündel, dem typischen Attribut des Jupiter, auf einem Stier stehend. Aus Mainz ist ein Weihaltar für Jupiter Dolichenus bekannt, den ein aus Syrien stammender Centurio der Legio XXII Primigenia aufgestellt hat.[4]

Bedeutender ist jedoch der Mithraskult, der sich ab dem beginnenden 2. Jahrhundert n. Chr. vor allem im Westen des Reiches ausbreitete. Mithras war ursprünglich ein persischer Lichtgott, der überall dort angerufen wurde, wo es um zwi-

Ein hoher römischer Offizier opfert der germanischen Göttin Vagdavercustis. Weihalter, um 167 n. Chr.

schenmenschliche Beziehungen wie Ehe, Freundschaft, Kameradschaft, Bündnisse oder Verträge ging. Wie aus dem persischen Gott der römische Mysterienkult wurde, entzieht sich unserer Kenntnis. Zu seinen Anhängern gehörten vor allem das Militär – einfache Soldaten ebenso wie Offiziere – und Freigelassene, also ehemalige Sklaven.

Kulturelle Verschmelzung äußert sich auch in der Sprache. Französisch und Spanisch beispielsweise haben sich aus dem Lateinischen entwickelt, der Sprache Roms, das seit dem 2. bzw. 1. Jahrhundert v. Chr. bis ins 5. nachchristliche Jahrhundert über Gallien und Hispanien herrschte. Daher auch die Bezeichnung „romanische Sprachen“. Deutsch hingegen gehört zusammen mit den skandinavischen Sprachen zur germanischen Sprachfamilie. Der zivilisatorische Austausch der Germanen mit den römischen Besatzern lässt sich gleichwohl auch im Deutschen in zahlreichen Wortübernahmen nachvollziehen. Lateinische Sprachimporte ins Deutsche zeugen beispielsweise heute noch davon, dass die Germanen von den Römern (bau)technisches Know-how übernahmen:

> ‚Mauer‘ *murus* und ‚Kamin‘ *caminus*, ‚Fenster‘ *fenestra* und ‚Ziegel‘ *tegula*, ‚Pfeiler‘ *pilarium* und ‚Keller‘ *cella*, ‚Sims‘ *sima*; *simatus* und ‚Schindel‘ *scindula*, ‚Kalk‘ *calx* und ‚Zement‘ *caementum* wurden offenbar mit großer Begeisterung übernommen. Kein Wunder – alle diese Begriffe markieren den Übergang zum Steinbau, den die Germanen erst durch die Römer kennengelernt haben. Auch die ‚Kammer‘ *camera*, die ‚Pforte‘ *porta* und der ‚Mörtel‘ *mortarium* gehören in diesen baulichen Kontext.[5]

In vielen Bereichen des Alltagslebens lässt sich so anhand der Sprache zeigen, dass die Germanen (nicht nur im römischen Germanien) den „Roman Way of Life“ und gerade auch zivilisatorische Annehmlichkeiten übernahmen. Wein (lat. *vinum*) ist eines der ältesten Lehnwörter: im 1. Jahrhundert n. Chr. hat es bereits in germanische Dialekte Eingang gefunden. Nicht zuletzt verweisen auch Ortsnamen wie Trier (lat. Treveri), Köln (lat. Colonia) oder Regensburg (lat. Regina Castra) auf die römischen Anwesenheit in Germanien.

Vom mythischen Helden zur Berufsarmee

Es begann mit einzelnen Kriegern,
die sich aus der Masse der
Kämpfenden erhoben und berühmt
wurden, zumindest im Mythos.
Und es endete mit einem Berufsheer
anonymer Soldaten, in dem nur noch
der Feldherr unsterblichen Ruhm
davontrug: den römischen Legionen.

Heroen: Kriegertum im griechischen Mythos

Die Schlacht beginnt, das Heer der Griechen (Danaer) rückt wie die Wogen des Meeres gegen Troja vor:

> Und wie wenn am vielhallenden Gestade die Woge des Meeres / Sich erhebt: eine dicht nach der anderen, vom West getrieben; / Fern auf dem Meer behelmt sie sich erst, dann aber am Festland / Sich brechend braust sie gewaltig, und um die Klippen / Wölbt sie sich, gipfelt sich auf und speit von sich den Salzschaum: / So bewegten sich damals dicht nacheinander die Reihen der Danaer / Unablässig zum Kampf. Und es trieb die Seinen ein jeder / Von den Führern.
>
> HOMER, *Ilias* 4, 422–429, Ü: Wolfgang Schadewaldt

Das ist eine der wenigen Stellen in der *Ilias*, die daran erinnern, dass sich im Trojanischen Krieg nicht nur einzelne heldenhafte Krieger gegenüberstanden, sondern zwei Heere. Auf der einen Seite die Griechen, deren Truppen sich aus Kontingenten vieler Stadtstaaten zusammensetzten, auf der anderen Seite die Trojaner mit ihren Verbündeten, also „multinationale" Armeen:

> Denn nicht gleich war allen der Ruf und nicht nur eine Stimme, / Sondern die Zunge war gemischt und die Männer von vielen Orten herbeigerufen.
>
> HOMER, *Ilias* 4, 437 f., Ü: Wolfgang Schadewaldt

Angesichts eines derart bunt zusammengewürfelten Haufens stellt sich die Frage, wie die einzelnen Stämme eigentlich kämpften, ob sie unterschiedlich bewaffnet waren, welche Strategien sie verfolgten. Doch in der Auflistung der Kriegsteilnehmer im zweiten Gesang der *Ilias* fehlen meist Hinweise auf besondere Kampfarten, nur Philoktet und seine Männer werden als „wohlkundig des Bogens“ bzw. „der Bogenkund erfahren“ geschildert. Unter den Verbündeten Trojas bezeichnet Homer die Pelasger als „speergewohnt“ und die Kikonen als „Lanzenschwinger“. Da Speer bzw. Lanze ohnehin zur Standardausrüstung gehört haben, lassen diese Beinamen keine Rückschlüsse auf besondere Bewaffnung zu.

Mann gegen Mann

Die Helden des Trojanischen Krieges kannten im Wesentlichen nur eine Kampfweise: den Nahkampf, Mann gegen Mann zu Fuß. Von Strategie oder Taktik ist nicht die Rede. Zwar verwendet Homer bereits den Begriff Phalanx, die geschlossene Schlachtreihe, die später die Schlagkraft der griechischen Armeen ausmachen sollte, doch das eigentliche Moment einer Phalanx, der geschlossene und wuchtige Aufprall auf das gegnerische Heer, das damit zurückgedrängt werden soll, ist in Homers *Ilias* nicht kampfentscheidend. Vielmehr wird der Angriff hier von einzelnen herausragenden Kriegern – oft sind es die Anführer der verschiedenen Kontingente – getragen, die voranstürmen:

> Vornan gingen dem Zug die beiden gewappneten Krieger / Beide, Patroklos, der Held und Automedon, mutigen Herzens, / Einzuhaun vor der Schar der Ihrigen.
>
> HOMER, *Ilias* 16, 218–220, Ü: Johann Heinrich Voss

Der eingangs geschilderte Vormarsch der Griechen, der mit den Wogen des Meeres verglichen wird, gipfelt zwar im Aufeinandertreffen beider Parteien, ohne dass jedoch eine Seite zurückweicht. Vielmehr entsteht ein wildes Getümmel, in dem sich schließlich wieder einzelne Helden besonders hervortun.

> Als sie nun aber auf einem Raum zusammentrafen, / Stießen sie zusammen die Rindshautschilde, zusammen die Lanzen und die Kräfte der Männer, / Der erzgepanzerten, und die gebuckelten Schilde / Drängten einander, und viel Getöse erhob sich. / Da war zugleich Wehklagen und Siegesgeschrei der Männer.
>
> Homer, *Ilias* 4, 446–450, Ü: Wolfgang Schadewaldt

Beide Seiten scheinen gleich gerüstet und bewaffnet. Rüstung, Helm und Schild dienten zum Schutz. Als Waffen verwendete man nach Homer Speer, Lanze und Schwert. Doch so mancher Speer dürfte in der Übersetzung wegen des Versmaßes zur Lanze geworden sein. Eigentlich ist die Lanze eine reine Nahkampfwaffe, während der Speer vor allem als Wurfgeschoss dient: Kurz vor dem Aufeinandertreffen der Heere werden die Speere geschleudert, um die Kampfreihen des Gegners in Unordnung zu bringen. Die Helden der *Ilias* trugen aber nicht Speer und Lanze, sondern kämpften mit einem „multifunktionalen" Speer, der ebenso zum Werfen wie im Nahkampf verwendet wurde.

Vergleicht man die Kriegervase aus Mykene (frühes 12. Jahrhundert v. Chr.) mit der Chigi-Kanne[1] (um 640 v. Chr.) – zwei bildliche Darstellungen also, die die Zeit Homers gleichsam rahmen[2] –, so fällt auf, dass die Ausrüstung der Krieger nahezu identisch ist: Brustpanzer, Beinschienen, Helm, Schild und Speer. Schwertgehänge sind nicht zu erkennen. An der Bewaffnung änderte sich offenbar über die Jahrhunderte hinweg nichts außer der Form der Helme und Schilde. Die Krieger, die

Die Kriegervase aus Mykene (frühes 12. Jahrhundert v. Chr.)

Homer in seinen Erzählungen vor Augen hat, sahen also so aus wie die Schwerbewaffneten auf den beiden Vasen.

Auch herumliegende Steine wurden als Waffe benutzt. Einzelne Krieger wie Philoktét traten als Bogenschützen hervor. Doch Pfeil und Bogen spielten keine große Rolle, da sie Fernwaffen waren, für den Nahkampf ungeeignet.

Zur Ausrüstung der homerischen Helden gehörte schließlich auch der Streitwagen, den sich natürlich nur die Reicheren leisten konnten. Dabei handelt es sich um ein wendiges, einachsiges, von zwei Pferden gezogenes Fahrzeug, wie es seit dem 2. Jahrtausend v. Chr. vor allem aus Ägypten und dem Vorderen Orient bekannt ist, dessen Einsatz allerdings eine andere Kampfweise erforderte: Im Normalfall war es mit einem Wagenlenker und einem Bogenschützen bemannt, also ebenfalls

Auf in den Kampf: Ein Krieger besteigt einen Streitwagen. Relief um 500/490 v. Chr.

nicht im Nahkampf verwendbar. Und so diente der Streitwagen im Trojanischen Krieg vor allem als schnelles Beförderungsmittel: War der Feind erspäht, sprang der Krieger ab und kämpfte Mann gegen Mann.

Homers eigentliches Augenmerk galt einzelnen Helden und ihrem Schicksal. Und ihnen, ihrem Glanz und Ruhm, ist der größte Teil der *Ilias* gewidmet. In der Bildkunst – Vasenmalerei und Plastik – ist die gleiche Tendenz zu bemerken: Selbst Massenkampfszenen wie die Kentauromachie im Westgiebel des Zeustempels von Olympia oder die Amazonomachie am Grabmal des Königs Maussollos in Halikarnassos (vgl. S. 34)

Die Bewaffnung der Krieger auf der Chigi-Kanne

Die Schwerbewaffneten auf der Chigi-Kanne scheinen neben dem kampfbereit erhobenen Speer in der Rechten noch einen weiteren Speer mit sich zu tragen, den sie mit der Linken geschultert haben. Da die Linke mit dem Schild jedoch in ihrer Bewegungsfreiheit nicht eingeschränkt sein durfte, bleibt nur eine Erklärung für dieses eigentlich unrealistische Detail: Der Vasenmaler wollte mit den geschulterten Speeren eine zweite, hintere Reihe von Kriegern andeuten.

Die Chigi-Kanne: Schwerbewaffnete mit ihrer typischen Ausrüstung. Vasenbild, um 640 v. Chr.

lassen sich in klar voneinander abgegrenzte Kampfgruppen gliedern, meist sind es zwei Personen, zu denen sich noch eine dritte gesellen kann, die einer der beiden Parteien zu Hilfe eilt.

Auch wenn sich die Kampfweise im 5. und 4. Jahrhundert v. Chr. längst geändert hatte, hielt die Bildkunst am heroischen Kampf herausragender Krieger Mann gegen Mann fest. Der Einfluss der alten Mythen, vor allem Homers, wirkte fort, doch in der Realität existierten diese Einzelkämpfer nicht mehr.

Die Hoplitenphalanx: Griechenlands Wunderwaffe

Im Grunde genommen waren die Hopliten (Schwerbewaffnete) nichts Neues, denn ihre Ausrüstung war im Wesentlichen die gleiche wie die der homerischen Helden: Helm, Brustpanzer, Beinschienen und Schild dienten zum Schutz, Speer und Schwert zum Kämpfen. Auch die geschlossene Schlachtreihe (Phalanx) kannte bereits Homer. Was sich geändert hatte, war die Kampfart: Die Krieger rückten gemeinsam vor, oft im Eilschritt, den Takt dazu gaben in Sparta Flötenbläser an.

> Den Speer mit dem Speer verzäunend, den Schild mit dem Schildrand. / Schild drängte den Schild, Helm Helm und Mann den Mann, / Und es berührten einander rossmähnige Helme mit glänzenden Bügeln, / Wenn sie nickten, so standen sie dicht aneinander.
>
> HOMER, *Ilias* 13, 130–133, Ü: Wolfgang Schadewaldt

Im Idealfall sollte der Aufprall auf den Feind mit einer solchen Wucht geschehen, dass dieser zurückweichen musste. Erst dann kamen die Waffen zum Einsatz, wobei jeder mit seinem Schild die ungeschützte rechte Seite des Nachbarn deckte. Entscheidend war dabei die Standfestigkeit jedes Einzelnen, denn wenn nur einer zurückwich und damit die Flanke seines Nachbarn entblößte, bekam der Feind eine Angriffsmöglichkeit. Jeder war

Die Chigi-Kanne: Kampf zweier Hoplitenarmeen.
Vasenbild um 640 v. Chr.

ein Teil des Ganzen, und nur im Ganzen konnte die Armee siegreich sein. Das Aufeinandertreffen zweier Hoplitenarmeen ist auf der Chigi-Kanne (um 640 v. Chr.) abgebildet, auch der Flötenbläser fehlt nicht.

Zu den Hopliten, die die Phalanx bildeten, kamen Leichtbewaffnete, die mit Fernwaffen wie Pfeil und Bogen Unordnung in die Reihen des Gegners bringen sollten. Im Prinzip bewährte sich die Phalanx, auch wenn sie einige Nachteile besaß: Sie war relativ unflexibel, konnte ihre volle Wirkung nur in ebenem Gelände entfalten und war an den Flanken kaum geschützt. Außerdem ließ sich die starre Aufstellung im Gefecht nicht allzu lange durchhalten.

Phalanx und Polis

Wie die Krieger bei Homer mussten auch die Hopliten ihre Ausrüstung auf eigene Kosten anschaffen. Damit war das Kämpfen den Adligen und einer begüterten Bürgerschicht vorbehalten: Es galt als Ehre, für die Vaterstadt in den Krieg zu ziehen, auch wenn der Ruhm, den man dabei erwerben konnte, nicht mehr dem Einzelnen zukam, sondern dem gesamten Heer. Gleichzeitig mit dem ersten Auftreten der Hoplitenphalanx, vermutlich im 8. Jahrhundert v. Chr.,[1] muss daher ein gesellschaftlicher Wandel stattgefunden haben, ein Gemeinschaftsdenken entstanden sein.

Ab dem 8. Jahrhundert v. Chr. verbreitete sich eine neue Gesellschaftsform über Griechenland und löste die Feudalherren Homers ab: die Polis (wörtlich: Stadt). Als Polis bezeichneten die Griechen eine Siedlungsgemeinschaft mit einer Stadt als Mittelpunkt, die sich selbst verwaltete und damit unabhängig war. Dabei spielte die Staatsform keine Rolle, allerdings mussten die Bürger an den politischen Entscheidungen ihrer Polis beteiligt sein, deren Verwaltung mehr und mehr institutionalisiert wurde. Es bildeten sich Ämter und Gremien mit speziellen Befugnissen. Die obersten Beamten in Athen beispielsweise waren die Archonten, die jeweils für ein Jahr gewählt wurden, eine Tradition, die nach späterer Überlieferung mit dem Jahr 683/82 v. Chr. einsetzte.

Auch in Sparta entwickelten sich die staatlichen Strukturen einer Polis-Gesellschaft, in der die Vollbürger, die Spartiaten, die Volksversammlung bildeten. Als Besonderheit besaß Sparta zwei Könige, die aus den Reihen der beiden einflussreichsten Adelsfamilien stammten. Auf dem Landbesitz der Spartiaten arbeiteten die Heloten,[2] die den Status von Staatssklaven besaßen. Den Periöken (Umwohnenden), die zwar Kriegsdienst leisten mussten, aber keine Vollbürger waren, blieb Handel und Handwerk überlassen. Aus Angst vor Aufständen der Heloten – der erste große Aufstand, der erst nach schweren Verlusten niedergeschlagen werden konnte, fand bereits in der zweiten Hälfte des 7. Jahrhunderts v. Chr. statt – widmeten sich die zahlenmäßig unterlegenen Spartiaten mehr und mehr ihrer militärischen Ertüchtigung. Damit wurde Sparta zu einem Kriegerstaat, der zur stärksten Macht Griechenlands aufstieg. Diese Position wurde nur von Athen bedroht, das nach den Perserkriegen zunehmend an Einfluss gewann.

Die griechische Phalanx im Kampf gegen das Perserheer

Mit dem Erstarken der Bürgerschaft bildete sich eine neue Solidarität, die für den Einsatz der Hoplitenphalanx grundlegend war. Ihre größte Bewährungsprobe musste diese Kampfart in den Perserkriegen bestehen, in denen es jeweils ein weit überlegenes persisches Heer zu schlagen galt.

Bei Marathon gelang es dem aus ungefähr 10 000 Mann[3] bestehenden griechischen Aufgebot, den Sieg über ein doppelt so starkes persisches Heer davonzutragen. Dabei spielte die Selbstsicherheit der Perser eine entscheidende Rolle. Sie hatten nicht damit gerechnet, mit den im Laufschritt anstürmenden Griechen konfrontiert zu sein, deren Schlachtreihe in der Mitte schwächer war als auf den Flügeln: ein geschickter taktischer Zug, wie sich zeigen sollte. Denn so konnten die Perser zwar in der Mitte durchbrechen, aber an den Flügeln waren die Griechen überlegen und trieben die Perser in die Flucht, um anschließend umzuschwenken und das mittlere persische Kontingent in die Zange zu nehmen.

> Als die Perser sie [die Griechen] so im Laufschritt ankommen sahen, machten sie sich fertig, sie zu empfangen, dachten aber, die Athener wären wohl toll, sich so ins Verderben zu stürzen, da sie ja so wenige waren und noch dazu im Laufschritt angriffen, auch weder Reiterei noch Schützen bei sich hatten.
>
> Herodot, *Historien* 6, 112

Die Perserkriege (490 und 480–479 v. Chr.)

Vorangegangen war der Ionische Aufstand 500–494 v. Chr., bei dem sich die griechischen Städte an der kleinasiatischen Westküste gegen die persische Oberhoheit auflehnten und dabei von Athen und Eretria (Euböa) unterstützt wurden. Der Aufstand endete mit der Zerstörung Milets 494 v. Chr.

Das Ziel der Perser war es nun, die Griechen, allen voran Athen, an jeglicher weiteren Einmischung zu hindern. 490 v. Chr. trafen die beiden Heere bei Marathon aufeinander. Die Athener siegten unter dem Kommando des Miltiades, der als ehemaliger persischer Vasall mit der Kampftaktik des Gegners vertraut war.

Nach dem Tod des Perserkönigs Dareios plante sein Sohn Xerxes einen Vergeltungsschlag. Währenddessen sorgte Themistokles in Athen für den Bau einer Flotte. 480 v. Chr. überschlugen sich die Ereignisse: Die Seeschlacht am Kap Artemision (Euböa) endete unentschieden, der legendäre spartanische König Leonidas versuchte, den Thermopylen-Pass in Mittelgriechenland mit 300 Spartanern und 700 Männern aus Thespiä zu halten, wurde aber geschlagen. Athen wurde evakuiert und anschließend von den Persern geplündert. Bei Salamis besiegten die Griechen aber die persische Flotte. Im folgenden Jahr unterlag auch das persische Heer den Griechen bei Platää in Böotien.

Für den zweiten Feldzug der Perser gegen Griechenland hatte Xerxes um die 100 000 Mann und 600 Kriegsschiffe in Bewegung gesetzt. Bei Platää in Böotien trafen die Heere aufeinander, nachdem im Jahr zuvor bereits die persische Flotte bei Salamis eine schwere Niederlage hatte einstecken müssen. Auch hier konnten die Griechen, diesmal unter der Führung der Spartaner, trotz ihrer zahlenmäßigen Unterlegenheit einen Sieg verbuchen.

Als der persische Feldherr Mardónios fiel, war die Schlacht entschieden, die Perser flohen in ihr Lager, wo sie sich aber nicht mehr lange halten konnten:

> Wo Mardonios auf seinem weißen Rosse mit der Kernschar der tausend tapfersten Perser in der Schlacht selbst zugegen war, ging es am heißesten her. Solange Mardonios noch lebte, hielten die Perser stand und streckten viele Lakedaimonier (Spartaner) zu Boden. Aber als Mardonios gefallen und auch jene Kernschar erlegen war, hielten die Übrigen nicht länger stand und flohen vor den Lakedaimoniern. Sie unterlagen aber hauptsächlich deshalb, weil sie keine schwere Rüstung hatten und ohne solche Rüstung gegen schwer gerüstete Gegner kämpfen mussten.
>
> HERODOT, *Historien* 9, 63

Die Phalanx hatte sich bewährt, doch die Perser waren selbst an ihrer Niederlage schuld, in Marathon zahlten sie für ihre Überheblichkeit, in Plataä, weil sie ohne Anführer hilflos waren und nicht ausreichend gerüstet in den Kampf zogen. Auch war das behäbige persische Riesenheer immer noch unflexibler als die nicht gerade bewegliche Phalanx, die von nun an bei den Griechen bis in hellenistische Zeit (3.–1. Jahrhundert v. Chr.) die wichtigste Schlachtformation bleiben sollte.

Die makedonische Phalanx

Mit dem Aufstieg der Makedonen unter König Philipp II. (359–336 v. Chr.), dem Vater Alexanders des Großen, verloren Athener und Spartaner die Vormachtstellung in Griechenland.

Die Kampfweise der Makedonen unterschied sich in einem wesentlichen Punkt von der Hoplitenarmee der Griechen: Sie besaßen Reitertruppen. Zudem waren die Schwerbewaffneten

Der Aufstieg Makedoniens unter Philipp II.

Ohne die geschickte Politik seines Vaters hätte Alexander der Große niemals ein Weltreich erobern können: Philipp gelang es zunächst, Makedonien in ein zentral regiertes Königreich umzuwandeln. Er band den mächtigen Adel an sich, indem er dessen Söhne an seinen Hof holte und zu Offizieren ausbilden ließ. In den Anfangsjahren seiner Herrschaft sicherte er sich reiche Gold- und Silbervorkommen und konnte so freigiebig Geldgeschenke verteilen und nicht zuletzt ein schlagkräftiges Heer aufbauen. Mit Diplomatie und Waffengewalt gewann er schließlich die Oberhoheit über ganz Griechenland. Der entscheidende Sieg gelang ihm 338 v. Chr. bei Chaironeia in Böotien gegen die verbündeten Griechen.

seit Philipp mit überlangen Lanzen ausgerüstet, den Sarissen, trugen dafür aber nur einen leichten Schild.

In Angriffsstellung legten die vorderen fünf Reihen ihre Sarissen an. Aufgrund ihrer Länge ragten selbst die Sarissen der fünften Reihe noch zwischen den Soldaten der ersten Reihe vor. Diese Aufstellung wird als makedonische Phalanx bezeichnet, die im Prinzip dieselben Nachteile besaß wie die Hoplitenphalanx, nur ließ sich bei einem längeren Gefecht die Formation noch schlechter durchhalten.

An dem leichten Schild ist zu erkennen, dass die makedonische Phalanx nicht dazu gedacht war, die Hauptlast des Kampfes zu tragen: die lag bei der Reiterei. In der Schlacht von Chaironeia 338 v. Chr. verwendete Philipp die schiefe Schlachtordnung mit einem verstärkten linken Flügel, bestehend aus den Reitertruppen, während die Phalanx in Abwehrstellung blieb.

Im Jahr 168 v. Chr. standen die Makedonen bei Pydna (Nordgriechenland) einem Heer der Römer gegenüber. Der

Basiseinheit der makedonischen Phalanx mit den typischen übergroßen Sarissen. Rekonstruktionszeichnung von Peter Connolly

römische Konsul Lucius Aemilius Paullus war von der Angst einflößenden Wirkung der makedonischen Phalanx beeindruckt, ließ sich aber von ihr nicht abschrecken. Schließlich triumphierte die Kampftaktik der römischen Legionen mit ihren kleinen, flexibleren Einheiten über die allzu unbewegliche Phalanx.

Die Schlacht bei Pydna 168 v. Chr.

Mit dem Sieg des Aemilius Paullus über den Makedonenkönig Perseus endete der Dritte Makedonische Krieg und zugleich die Autonomie Makedoniens. Das Land wurde zunächst in vier unabhängige Staaten geteilt, bis es 148 v. Chr. als Ganzes zur römischen Provinz Macedonia wurde.

Andere Truppengattungen

Man gewinnt den Eindruck, dass die griechischen Heere seit mythischen Zeiten fast ausschließlich aus Schwerbewaffneten (Hopliten) bestanden. Erst mit den Makedonen gewann eine andere Truppengattung, die Reiterei, an Bedeutung. Und tatsächlich setzten die griechischen Stadtstaaten erst mit dem Peloponnesischen Krieg (431–404 v. Chr.) zusätzliche Einheiten Leichtbewaffneter, Bogenschützen, Schleuderer oder Reiter in nennenswerter Zahl ein. Diese rekrutierten sich in erster Linie aus Söldnern: Männer, die aus wirtschaftlichen oder politischen Gründen gezwungen waren, ihre Heimat zu verlassen und einer fremden Macht zu dienen. Entsprechend gering war ihr Ansehen.

Bei den Kommandeuren jedoch waren die Söldner wegen ihrer besonderen Kampfweise gefragt. Oft bestand eine Söldnerabteilung aus Männern gleicher Herkunft und wurde von einem der Ihren angeführt. Thukydides erwähnt beispielsweise Leichtbewaffnete aus Thrakien oder Bogenschützen aus Kreta.

Der Peloponnesische Krieg (431–404 v. Chr.)

Die Bezeichnung stammt von dem Athener Historiker Thukydides (um 460–400 v. Chr.), der uns auch einen vollständigen Bericht über die Geschehnisse bis zum Herbst 411 liefert. In diesem Krieg standen sich Athen und Sparta mit ihren jeweiligen Bündnispartnern gegenüber. Das von zwei Königen regierte Sparta strebte nach der Vorherrschaft über Griechenland, während das demokratische Athen mit dem attisch-delischen Seebund das Meer und damit die Handelswege kontrollierte. Der Krieg begann mit einem Einfall des Spartanerkönigs Archídamos in Attika und endete mit der Kapitulation Athens. Der Seebund wurde aufgelöst und in Athen die Demokratie abgeschafft.

Die Diadochenkriege – Kampf um die Nachfolge Alexanders des Großen

Mit dem Tod Alexanders des Großen verlor das gerade erst eroberte makedonische Weltreich seine Führung. Zurück blieben die Gefährten und Generäle Alexanders, die in den folgenden Jahren in wechselnden Allianzen um die Vormachtstellung kämpften, bis schließlich, nach dem Tod des Antigonos Monophthalmos (der Einäugige) 301 v. Chr. die Idee eines einheitlichen Reiches zugunsten von Teilstaaten aufgegeben wurde und sich die hellenistischen Königreiche ausbildeten: das Reich der Ptolemäer in Ägypten, das Seleukidische Königreich mit Zentrum in Syrien, Thrakien und Makedonien. Später gewann auch Pergamon zunehmend an Macht und etablierte sich als eigenes Königreich.

Daneben wurden Söldner gern als Ruderer oder Wachmannschaften auf den Befestigungen eingesetzt, also in untergeordneten Diensten.

Vom 6. Jahrhundert v. Chr. an tauchen Söldner in Ägypten und im Vorderen Orient auf. Seit dem späten 5. Jahrhundert und dann vor allem ab dem 4. Jahrhundert v. Chr. fanden sie im griechischsprachigen Raum und bei den Persern „Arbeit", angefangen vom Zug der Zehntausend 401/400 v. Chr., über den Xenophon in seiner *Anábasis* berichtet (s. S. 18), bis hin zu Alexander dem Großen und seinen Nachfolgern, den Diadochen. Speziell bei dem Feldzug Alexanders und in den Diadochenkriegen herrschte für Söldner sozusagen Hochkonjunktur.

Auch die Römer benötigten Reiter und Leichtbewaffnete, die entweder angeworben oder von Bundesgenossen gestellt wurden. 202 v. Chr., in der Schlacht von Zama, die zur Entscheidung im Zweiten Punischen Krieg führte, trug die numidische Reiterei unter dem verbündeten König Massinissa wesentlich zum Sieg bei. Caesar setzte im Gallischen Krieg (58–51 v. Chr.) Reiter aus Spanien und Germanien ein.

Seit der Heeresreform unter Augustus (27 v.-14 n. Chr.) wurden alle Truppenteile, die nicht zu den Legionen gehörten, unter den Hilfstruppen zusammengefasst und damit in das reguläre Heer integriert. Meist waren es Menschen aus eroberten Gebieten, die auf diese Weise ihren Lebensunterhalt verdienten.

Salamis und die Folgen: Seekriege bei den Griechen

Militär auf Schiffen kannte schon Homer, doch in der griechischen Frühzeit gab es noch keine Marine: Die Schiffe wurden nur zum Truppentransport verwendet. Die topographische Lage Griechenlands führte dazu, dass schon im 2. Jahrtausend v. Chr. Seefahrt betrieben wurde, wie zwei Wrackfunde vor der türkischen Küste und Wandmalereien auf der Insel Thera belegen. Die Griechen wären nie auf die Idee gekommen, nach Troja zu marschieren – so wie das persische Heer, das 480 v. Chr. von Sardes in Kleinasien über den Hellespont nach Thrakien, Makedonien und endlich nach Griechenland gelangte.

Berühmt ist der sogenannte Schiffskatalog im zweiten Gesang der *Ilias*, in dem Homer alle am Krieg teilnehmenden Städte und Völker nennt; ihre Truppenstärke spiegelt sich in der Anzahl der Schiffe: „Diese zogen daher in fünfzig Schiffen, und jedes / Trug der boiotischen Jugend erlesene hundertundzwanzig.“[1] Böotien schickte also 6000 Mann in den Krieg. Agamemnon kam als Einziger auf hundert Schiffe und erhielt daher das Oberkommando.

> Von denen führte hundert Schiffe der gebietende Agamemnon, / Der Atreus-Sohn; dem folgten die weit meisten und besten / Völker. Und unter ihnen tauchte er selbst in das fun-

kelnde Erz, / Prangend, und unter allen schien er hervor, den Helden, / Weil er der Erste war und bei weitem die meisten Männer anführte.

Homer, *Ilias* 2, 576–580, Ü: Wolfgang Schadewaldt

Eine eigene Rudermannschaft gab es nicht, die Krieger mussten selbst für ihr Vorwärtskommen sorgen: „Sieben waren der Schiff‘, und der Ruderer fünfzig in jedem, / Alle der Bogenkund erfahrene, tapfere Streiter.“[2]

Die erste Seeschlacht der griechischen Geschichte soll nach Thukydides um die Mitte des 7. Jahrhunderts v. Chr. zwischen Korinth und Kerkyra (Korfu) stattgefunden haben.[3] Das Charakteristische einer Seeschlacht besteht darin, dass nicht die Soldaten gegeneinander antreten, sondern die Schiffe – so banal das klingen mag. Zweierlei war in der Antike dabei entscheidend: der Rammsporn am Bug, mit dem die feindlichen Schiffe manövrierunfähig gemacht werden sollten oder gleich versenkt wurden, und die Wendigkeit des Schiffes. Vor allem brauchte man eine geübte Rudermannschaft, denn zuerst galt es, mit voller Fahrt auf den Gegner zuzuhalten; anschließend musste sofort zurückgesetzt werden, um den Rammsporn freizubekommen, damit das eigene Schiff nicht zusammen mit dem gegnerischen unterging.

Diese Kampftaktik ist seit der Seeschlacht von Alalia (Aleria auf Korsika) um 540 v. Chr. nachgewiesen, bei der Griechen aus Phokäa (Kleinasien) den verbündeten Flotten der Etrusker und Karthager unterlagen.[4]

Die Seeschlacht von Salamis

Eine der berühmtesten Seeschlachten der Geschichte fand 480 v. Chr. bei Salamis, einer vor Athen liegenden Insel, statt. Ange-

Das Orakel von Delphi

Delphi besaß das berühmteste Orakelheiligtum Griechenlands. Geweiht war es Apollon, der seine Ratschläge durch eine Priesterin, die Pythia, übermittelte. Viele kamen nach Delphi, um eine Lösung ihrer Probleme zu finden, doch die Orakelsprüche, die sie von Pythia zu hören bekamen, waren eigentlich immer auf verschiedene Weise interpretierbar. Das schönste Beispiel ist der Rat, den König Kroisos (Krösus) von Lydien im südwestlichen Kleinasien erhielt, als er fragte, ob er die Meder (Perser) besiegen könne: „Kroisos, wenn du den Halys überschreitest, wirst du ein großes Reich zerstören." Kroisos überschritt den Grenzfluss Halys, unterlag den Medern und zerstörte damit sein eigenes Reich.

sichts der drohenden Invasion der Perser baten die Athener das Orakel von Delphi um Rat, das ihnen in gewohnt mehrdeutiger Weise antwortete, sie sollten sich hinter hölzernen Mauern verschanzen. Themistoklés, ein bedeutender Athener Politiker, schloss daraus, dass sie sich auf eine Flotte hölzerner Schiffe zurückziehen sollten.

Um die Schlagkraft der Flotte zu erhöhen, ließ Themistokles erstmals in Athen Trieren bauen, einen Schiffstyp, der seit dem 6. Jahrhundert v. Chr. in Griechenland bekannt war. Prinzipiell gilt: je mehr Ruderer, desto höher die Stoßkraft beim Rammen. Doch je länger das Schiff wurde, desto mehr verlor es an Wendigkeit. Bei der Triere wurde das Problem so gelöst, dass drei Reihen Ruderer (insgesamt 200) übereinander angeordnet waren. Soldaten waren nur in geringer Zahl an Bord, sonst hätten die Trieren an Schnelligkeit eingebüßt.

Themistokles' Pläne bezogen die gesamte Bevölkerung Athens ein. Finanziert wurde das Projekt einerseits aus den Silberbergwerken von Laurion (südöstlich von Athen), andererseits durch sogenannte Trierarchien: Vermögende Bürger mussten sich verpflichten, je eine Triere ein Jahr lang zu versorgen. Die unterste Einkommensklasse wurde als Besatzung der Schiffe verpflichtet und gewann dadurch an politischer Bedeutung.

Auf griechischer Seite zogen um die 400 Schiffe in die Schlacht, während die Zahl der Trieren unter persischem Kommando nach Herodot genau 1207 betrug. Außerdem verfügten die Perser über 3000 kleinere Transportschiffe („Dreißigruderer und Fünfzigruderer, kleinere Fahrzeuge und leichte Schiffe für Pferde“[5]). Ähnlich wie Homer im Schiffskatalog in der *Ilias* listet Herodot alle Flottenkontingente auf, die unter persischem Befehl standen.[6] Mag auch die Zahl, die Homer angibt, stark übertrieben sein – die moderne Forschung geht davon aus, dass beide Seiten vor Salamis ungefähr gleich stark waren[7] –, sein „Schiffskatalog“ überliefert uns ein interessantes Detail: Alle Trieren wurden von unterworfenen oder verbündeten Völkern gestellt, die meisten von den Phöniziern. Die Perser selbst besaßen offenbar keine eigene Flotte.

Bei Kap Artemision an der Nordspitze von Euböa trafen beide Geschwader zum ersten Mal aufeinander, doch das Gefecht endete unentschieden. Themistokles lockte schließlich die persische Flotte in den engen Sund von Salamis, wo sie ihre volle Schlagkraft nicht entfalten konnte und den Schiffen der Griechen unterlag.

> Eine große Menge Schiffe wurde bei Salamis in den Grund gebohrt, teils von den Athenern, teils von den Ägineten. Denn da die Griechen, wie es sich gehört, und in guter Ordnung fochten, die Barbaren aber keine Ordnung hielten und alles verkehrt machten, so musste es ihnen freilich so ergehen, wie es ihnen ging. Herodot, *Historien* 8, 86

Für Herodot ist die Sache klar: Die Perser mussten verlieren, weil sie Barbaren waren und planlos kämpften, ein typisches Klischeebild. In Wirklichkeit wurden die einzelnen Kontingente der persischen Flotte von erfahrenen Seeleuten befehligt,[8] beispielsweise aus Phönizien, Zypern und Kilikien (an der türkischen Südküste), um nur einige zu nennen. Wahrscheinlich mangelte es auf persischer Seite an Koordination zwischen den verschiedenen Kontingenten.

Kampfentscheidend war jedoch, dass sich die Perser in eine gut vorbereitete Falle locken ließen: Kaum war der größte Teil der persischen Flotte in den Sund von Salamis eingelaufen, fielen ihnen die Griechen in die Flanke. Der Überraschungsangriff gelang: Die Perser konnten nicht schnell genug wenden, geschweige denn in dem engen Sund ihre Schiffe in eine Gefechtsaufstellung bringen, um ihre Kräfte zu bündeln. Auch an einen Rückzug war nicht zu denken, da ihre eigenen Schiffe die Ausfahrt aus dem Sund blockierten.

In der Literatur wird immer wieder behauptet, die Schiffe der Griechen seien kleiner und wendiger gewesen. Doch wie konnte dann ein attischer Kapitän das Schiff der Artemisia, der Königin von Halikarnassos, die auf der Seite der Perser kämpfte, für ein griechisches halten? Hätte er den Unterschied nicht an der Größe des Schiffes erkennen müssen? Viel wahrscheinlicher ist, dass auf beiden Seiten ähnliche Schiffe eingesetzt wurden – immerhin bezeichnet Herodot die persischen Kriegsschiffe ebenfalls als Trieren – und die Schlacht vor allem dadurch entschieden wurde, weil sich die persische Flotte im engen Sund von Salamis selbst im Weg stand.

Die Schlacht endete im Grunde genommen nicht mit einer Niederlage der Perser. Vielmehr gelang es den Persern nicht, die griechische Flotte zu besiegen, weshalb sie sich schließlich zurückziehen mussten.

In den folgenden Jahren wurde die Geschichte von Athen so dargestellt, als hätte ein kleines griechisches Geschwader einen übermächtigen Feind niedergerungen: Ein Mythos war geboren, der sich bis heute durch die Geschichtsbücher zieht.

Seemacht Athen

Damit war Athen in der Position, die führende Rolle in dem 478 v. Chr. gegründeten attisch-delischen Seebund zu übernehmen, dessen Ziel darin bestand, die griechischen Städte an der kleinasiatischen Westküste vor den Persern zu schützen. Die Mitglieder des Bündnisses, dem die Spartaner nicht beigetreten waren, mussten entweder Kriegsschiffe stellen oder Tribut zahlen. Im Laufe des 5. Jahrhunderts v. Chr. bauten die Athener ihre Machtstellung erheblich aus. Von den Bündnispartnern wurden nun hauptsächlich Tributzahlungen erwartet, damit ihre Flotten nicht zu groß wurden und die Macht Athens dadurch schmälern konnten. Andererseits wuchs das Vermögen in der Bundeskasse, die schließlich 453 v. Chr. von Delos nach Athen verlegt wurde. Athen herrschte nun faktisch über den gesamten Seebund.

Dies weckte den Neid ihrer alten Rivalen, der Spartaner, die den Athenern nicht kampflos die Oberherrschaft über Griechenland überlassen wollten. Es kam zum Peloponnesischen Krieg (431–404 v. Chr.), der letztlich auch zur See entschieden wurde. Denn als der spartanische Feldherr Lysander mit finanzieller Unterstützung der Perser eine eigene spartanische Flotte aufrüsten konnte, musste sich Athen nach mehreren Niederlagen schließlich geschlagen geben. Doch die Freude der Spartaner währte nicht lange: Bereits zehn Jahre später, 394 v. Chr., unterlag ihre Flotte den Persern. Seither wurden innergriechische Kriege nur noch zu Lande geführt.

Der Kampf um die Seeherrschaft unter den Diadochen

Erst mit den Diadochen, den Nachfolgern Alexanders des Großen, gewannen Seekriege wieder an Bedeutung. Ptolemaios I. in Ägypten sicherte sich den größten Teil der Flotte Alexanders und begründete damit eine Seehandelsmacht mit der Hafenstadt Alexandria als Zentrum. Der politische Einfluss des Ptolemäerreiches erstreckte sich über die Levanteküste und Zypern. Ihm gegenüber stand Antigonos Monophthalmos (der „Einäugige"), der eine Seeherrschaft, eine Thalassokratie, über den östlichen Mittelmeerraum anstrebte. 306 v. Chr. gelang es ihm zwar, die ptolemäische Flotte bei Salamis auf Zypern vernichtend zu schlagen, doch ein dauerhafter Erfolg blieb ihm verwehrt, da er gleichzeitig zu Lande im Kampf gegen die anderen Diadochen Niederlagen einstecken musste und schließlich in der Schlacht bei Ipsos (in Zentral-Kleinasien) 301 v. Chr. gegen Seleukos I. von Syrien fiel.

Demetrios Poliorketes, der Sohn von Antigonos Monophthalmos, rüstete seine Schiffe mit Katapulten, Wurfmaschinen mit hoher Durchschlagskraft, aus und führte damit eine neue Taktik ein, die bis zur Seeschlacht vor Actium 31 v. Chr. verwendet wurde. Doch auch die Katapulte halfen Mark Anton und Kleopatra nicht: Wieder einmal trugen die wendigeren Schiffe den Sieg davon; dieses Mal konnte Octavian (Augustus) triumphieren.

Bürgermiliz: „Wehrdienst" in der römischen Republik

Wie das römische Heer in der frühen Königszeit ausgesehen hat, erfahren wir nur aus sehr viel später verfassten Quellen, die möglicherweise „die gute alte Zeit" etwas anders dargestellt haben, als sie wirklich war. Nach Varro (116–27 v. Chr.) jedenfalls bestand das gesamte Heer damals aus 3000 Mann und wurde als Legion bezeichnet.

Das Wort „Legion", das im ursprünglichen Sinne „Aushebung" bedeutet, weist schon darauf hin, dass die Soldaten lediglich im Bedarfsfall „ausgehoben" wurden. Es gab also kein stehendes Heer, sondern eigentlich nur eine Bürgermiliz. Der sechste König von Rom, Servius Tullius, soll der Überlieferung nach sechs Vermögensklassen eingeführt haben, die sich auch in der Aufteilung des Heeres niederschlugen, denn jeder musste seine Ausrüstung für den Krieg selbst bezahlen. Man unterschied Reiter (die *equites*, der zweite Stand nach den Senatoren), Schwerbewaffnete (*prima* bis *quinta classis* = erste bis fünfte Vermögensklasse) und Leichtbewaffnete (*infra classem* = unterhalb der Vermögensklasse[1]). Die Besitzlosen wurden nicht zum Kriegsdienst herangezogen, erst mit dem Bau einer eigenen römischen Flotte fand man auch für sie Verwendung.

Die eigentlichen Reitereinheiten wurden meist von Bundesgenossen oder Hilfstruppen, also Nichtrömern, gestellt, während die Römer selbst als Fußsoldaten kämpften, wie schon

Die Anfänge Roms

Nach der römischen Geschichtsschreibung herrschten seit der Stadtgründung 753 v. Chr. bis 509 v. Chr. nacheinander sieben Könige über Rom: Romulus, Numa Pompilius, Tullus Hostilius, Ancus Marcius, Tarquinius Priscus, Servius Tullius und Tarquinius Superbus. Vieles, was über sie berichtet wurde, gehört in den Bereich der Mythologie. Obwohl der letzte König mit Schimpf und Schande aus der Stadt vertrieben wurde und das lateinische Wort für König (*rex*) seither tabu war (nur in den Bezeichnungen für einzelne Priesterämter tauchte es noch auf), wurden einigen Königen wichtige Reformen zugeschrieben, die bis in die späte Republik Gültigkeit hatten. Unsere wichtigste Quelle ist der Historiker Livius (59 v.–17 n. Chr.) mit seinem Werk *ab urbe condita* (Von der Gründung der Stadt an), der auch die genannten Jahreszahlen (wohl nach allgemeiner Tradition) festlegte.

an der Taktik erkennbar ist, denn auch die Römer verwendeten zunächst die Phalanx, die sie über die Etrusker von den Griechen übernommen hatten. Deren Nachteile wurden seit dem späten 4. Jahrhundert v. Chr. dadurch kompensiert, dass kleinere, beweglichere Einheiten geschaffen wurden, die Manipel, die unabhängig voneinander eingesetzt werden konnten. Die Sollstärke einer Legion betrug nun 6000 Mann, in der Realität war die Zahl geringer und erreichte bestenfalls 5000. Jede Legion setzte sich aus 30 Manipeln zu je 300 Soldaten (Sollstärke) zusammen. Jeder Manipel schließlich teilte sich in zwei Zenturien unter je einem Zenturio. Taktisch hatten die einzelnen Zenturien allerdings keine Bedeutung, denn im Kampf kommandierte stets der dienstältere der beiden Zenturionen. In der Schlachtordnung standen in jedem Manipel drei Reihen hintereinander, die beiden vorderen trugen Speer, Schwert und Schild, während die Soldaten der hinteren Reihe anstelle des Speeres eine Lanze besaßen. Den Oberbefehl hatten meist die beiden Konsuln inne. Ihnen standen sechs Tribunen aus dem Ritterstand als höhere Offiziere zur Seite. Die unterste Befehlsebene bildeten die Zenturionen.

Prinzipiell konnte jeder römische Bürger zu den Waffen gerufen werden. Die Anzahl der ausgehobenen Truppen richtete sich nach dem Bedarf für den geplanten Feldzug. Dieses

Die Römische Republik (509–31 v. Chr.)

Der Überlieferung nach vertrieben die Römer 509 v. Chr. den letzten König und führten eine neue Verfassung ein. An der Spitze des Staates standen jetzt zwei Konsuln, die jeweils für ein Jahr gewählt wurden und im Kriegsfall den Oberbefehl innehatten. Wichtig war dabei der Gedanke der Machtteilung: Nie mehr sollte ein Einzelner zu viel Macht an sich reißen können. In der Realität allerdings behinderten sich die beiden Konsuln nicht selten gegenseitig bei ihrer Amtsführung. Nur im Ausnahmefall konnte ein Diktator gewählt werden, der längstens sechs Monate im Amt bleiben durfte und anschließend Rechenschaft abzulegen hatte. Die wichtigsten Stufen in der Ämterlaufbahn waren Quästor, Ädil, Prätor und Konsul.

Zwar gab es verschiedene Formen von Volksversammlungen. Dennoch war die Römische Republik eine Adelsherrschaft, denn die alten stadtrömischen Familien besetzten alle wichtigen Posten. Ein Mann vom Lande wie Cicero (106–43 v. Chr.) musste sich gegen enormen Widerstand durchsetzen, um bis zum Konsul aufzusteigen. Im 1. Jahrhundert v. Chr. war die Zeit der Republik zu Ende. Nominell existierte sie weiter, doch die eigentliche Macht besaßen herausragende Persönlichkeiten wie Sulla (138–78 v. Chr.), Pompejus (106–48 v. Chr.) oder Caesar (100–44 v. Chr.).

System bewährte sich gut, solange Rom nur mit seinen Nachbarn in Italien Krieg führte. Mit der weiteren Expansion kam es jedoch zu Schwierigkeiten: Seit dem 3. Jahrhundert v. Chr. wurde von den Soldaten verlangt, mehrere Jahre ununterbrochen im Heer zu dienen. Im 2. Jahrhundert v. Chr. mussten sie bis zum 46. Lebensjahr insgesamt 16 Jahre Dienst leisten, im Ernstfall auch länger.[2] Doch die Männer waren größtenteils Bauern, die es sich eigentlich nicht leisten konnten, längere Zeit von ihren Höfen abwesend zu sein. Es kam zu sozialen Spannungen, da die Bauern zunehmend verarmten. Die Lösung des Problems bestand darin, die Soldaten zu entlohnen und die Bürgermiliz nach und nach durch ein stehendes Heer zu ersetzen, das regulär besoldet wurde. Der griechische Geschichtsschreiber Polybios (um 200–120 v. Chr.) berichtet, dass im 2. Jahrhundert v. Chr. ein Fußsoldat täglich zwei Obolen bekam, ein Zenturio vier.[3] Hinzu kam eine festgesetzte Menge Weizen. Alle Extras wie beispielsweise zusätzliche Verpflegung wurden den Soldaten vom Sold abgezogen.[4]

Die Musterung

Polybios ist eine der wichtigsten Quellen zum republikanischen Heer, das er aus eigener Anschauung kannte. Von ihm erfahren wir alles Wissenswerte über die römischen Legionen im 2. Jahrhundert v. Chr.,[5] beispielsweise zur „Musterung“: Dazu wurden alle wehrfähigen Männer auf dem Kapitol, einem der sieben Hügel Roms, zusammengerufen. Zuerst verteilten sich die Tribunen, die höheren Offiziere, nach einem festgelegten Schema in vier Gruppen, also auf vier Legionen. Dann losten die Tribunen eine *tribus* (Stadtviertel) aus, von der vier Mann ausgewählt wurden, einer für jede Legion. Das Verfahren wurde so lange wiederholt, bis 4200 bis 5000 Mann pro Legion

Römischer Soldat im Kampf. Relief aus Mainz, 2. Hälfte 1. Jahrhundert n. Chr.

zusammengekommen waren. Anschließend wurden für jede Legion noch 300 Reiter ausgewählt.

Bei einer zweiten „Musterung" wurden die Soldaten nach Alter und Einkommen in vier Gruppen geteilt. Die Jüngsten kämpften mit Speer, Schwert und einem kleinen Schild. Die beiden nächsten Gruppen waren voll gerüstet und zogen mit Schwert, zwei Speeren und einem großen Schild in die Schlacht. Die Ältesten führten statt der Speere Lanzen mit sich. Wer es sich leisten konnte, tauschte den Brustpanzer gegen ein Kettenpanzerhemd.

Während die Musterung ablief, wurden die Bundesgenossen benachrichtigt, damit sie rechtzeitig beim Abmarsch zu den vier Legionen stoßen konnten. Ihr Kontingent sollte ebenso stark sein wie das der Römer, die Reiterei allerdings dreimal so stark wie die römische Reiterei.

Disziplin in der Truppe

Die römische Armee war außerordentlich diszipliniert und bis ins Detail durchorganisiert. Wer eine Verfehlung beging, musste mit harten Strafen rechnen. Schlafen beim Wachdienst beispielsweise bedeutete fast sicher den Tod, denn der Schuldige wurde, nachdem die Tribunen das Urteil gesprochen hatten, von seinen Kameraden mit Stöcken und Steinen zu Tode geprügelt, falls es ihm nicht vorher gelang zu fliehen. Dieselbe Strafe traf auch Diebe und Lügner sowie alle, die ihre Ehre als Soldaten verloren hatten:

> [Das Folgende rechnen sie als Verletzung der soldatischen Pflicht und Ehre und als Feigheit: wenn jemand, um eine Auszeichnung zu erhalten, eine erlogene Heldentat von sich den Tribunen meldet; wenn jemand, zur Bewachung oder Bedeckung kommandiert, aus Furcht seinen Platz verlässt; wenn jemand während des Kampfes aus Furcht eine Waffe fortwirft.]
>
> Polybios, *Geschichte* 6, 37

Natürlich gab es auch Auszeichnungen: Wer bei einer Belagerung als Erster die feindliche Mauer überstiegen hatte (und dies überlebte), erhielt einen goldenen Kranz, den er bei offiziellen Anlässen wie einen Orden tragen durfte. Dasselbe galt für die Bürgerkrone (*corona civica*), einen Eichenkranz, der demjenigen verliehen wurde, der einem römischen Bürger das Leben gerettet hatte. Später verwendete Augustus dieses Symbol für sich, weil er mit der Beendigung des Bürgerkrieges viele Römer vor dem sicheren Tod bewahrt zu haben glaubte.

In der späteren Republik, um 100 v. Chr., wandelte sich die Struktur der Legion: Statt der Manipel bildeten nun Kohorten die taktischen Einheiten, die aus jeweils 480 Mann bestanden, aufgeteilt in drei Manipel bzw. sechs Zenturien. Jede Legion besaß zehn Kohorten. Auch die Bewaffnung wurde verändert: Die Lanze entfiel, alle Soldaten waren jetzt mit einem Speer ausgerüstet.

Die Heeresreform des Marius

Als erfolgreicher Feldherr (zunächst gegen Jugurtha, später gegen die Kimbern und Teutonen) wurde Marius wiederholt zum Konsul gewählt. Er erkannte früh, dass das auf der Wehrpflicht beruhende Bauernheer, dessen Soldaten sich selbst ausrüsteten, den militärischen Aufgaben am Ende des 2. Jahrhunderts v. Chr. nicht mehr gewachsen war. Daher ließ er — wohl ab 107 v. Chr. — auch besitzlose Bürger in die Armee aufnehmen, die sogenannten *capite censi*, also Leute, die nicht mit Vermögen, sondern nur mit ihrer Person in der Zensusliste (zur Steuerschätzung) auftauchten. Diese Neuerung ermöglichte ein ständig unter Waffen stehendes Heer, stellte aber auch die Finanzierungsfrage, die ungelöst blieb — eine Voraussetzung für die Bürgerkriege, deren Feldherren für die Soldaten die einzigen Garanten ihrer Versorgung waren.

Kriegsmaschinerie: Die römischen Legionen

Nachdem Octavian, der spätere Kaiser Augustus, in der Seeschlacht von Actium 31 v. Chr. Mark Anton und Kleopatra besiegt hatte, stand er vor der Aufgabe, aus den vielen Legionen, die am Ende der Republik vor allem gegeneinander gekämpft hatten, eine loyale Armee aufzubauen. Bei seiner Heeresreform reduzierte er die fast unüberschaubare Anzahl von Truppen auf 28 Legionen, deren Struktur und Bewaffnung unverändert beibehalten wurde und die jetzt ausschließlich aus Berufssoldaten bestanden. Die Dienstzeit wurde einheitlich auf 20 Jahre festgesetzt.

Jede Legion wurde von sieben höheren Offizieren befehligt, dem Legaten als Kommandeur und sechs Tribunen. Der Legat und einer der Tribunen kamen aus den Reihen der Senatoren, die übrigen waren *equites* (Ritter).

Die Anzahl der Legionen schwankte im Laufe der Kaiserzeit. Drei Legionen wurden 9 n. Chr. bei der Schlacht im Teutoburger Wald von den Germanen vernichtet, ihre Nummern (XVII bis XIX) wurden danach nie mehr verwendet. Augustus füllte die entstandene Lücke nicht wieder auf, erst unter seinen Nachfolgern wurden bei Bedarf neue Legionen ausgehoben, sodass im frühen 3. Jahrhundert n. Chr. insgesamt 33 Legionen unter Waffen standen.

Augustus hatte sozusagen für die Ewigkeit geplant: Das

Die Bezeichnungen der Legionen

Jede Legion erhielt eine Nummer und einen Beinamen, der entweder darauf hinweist, wo bzw. von wem sie ausgehoben wurde oder für welchen Einsatz sie vorgesehen war. Daneben gab es auch allgemeinere Namen.

Einige Beispiele:

Legio I Italica: in Italien ausgehoben

Legio I Minervia: Kaiser Domitian (81–96) hatte Minerva zu seiner persönlichen Schutzgöttin auserkoren, die Legion wurde 83 n. Chr. aufgestellt

Legio I Parthica: Von Septimius Severus (193–211) für seinen Partherkrieg rekrutiert

Legio VI Victrix: „die Siegreiche"

Die Nummerierung erfolgte nicht durchgehend. Einige Kaiser stellten neue Legionen auf und begannen wieder bei „I" zu zählen, sodass am Anfang des 3. Jahrhunderts z. B. fünf Legionen mit der Nummer „II" existierten.

römische Heer bewährte sich so gut, dass bis zum Ende des Weströmischen Reiches 476 n. Chr. nur wenige Veränderungen vorgenommen werden mussten. Und doch zeigte das System Schwächen, die allerdings erst im Laufe der Zeit hervortraten.

Die Verteilung der Legionen

Als Augustus 14 n. Chr. starb, beherrschte Rom fast alle Länder rund um das Mittelmeer, lediglich der westliche Teil von Nordafrika, damals Mauretanien genannt, war noch ein eigenständiges Königreich. Dieses riesige Imperium wurde von nur 25 Legionen geschützt: eine strategische Herausforderung, die Augustus so löste, dass er den größten Teil des Militärs an den gefährdetsten Punkten zusammenzog: acht Legionen am Rhein, fünf an der Donau und vier in Syrien, also in Gebieten, die durch äußere Feinde bedroht wurden. Von den verbliebenen acht Legionen dienten sechs überall dort als Besatzung, wo mit Aufständen zu rechnen war: in der Provinz Spanien, in Dalmatien und Numidien (Ostalgerien). Die beiden letzten Legionen schützten das reiche Ägypten, die Kornkammer Roms. Der Grund für die enorme Konzentration an Rhein und Donau lag vor allem in Augustus' Plänen, Germanien zu erobern, ein Vorhaben, das nach der Niederlage des Varus im Teutoburger Wald nicht mehr weiterverfolgt wurde.

Die hohe Truppenkonzentration an wenigen Punkten hatte auch einen wichtigen Nachteil: Oberkommandierende der Legionen waren nämlich die Statthalter der Provinzen, in denen das Militär stationiert war. Damit erhielten sie eine nicht zu unterschätzende Machtposition, wie sich schon bald zeigen sollte: Nach dem Tod Neros 68 n. Chr., mit dem das seit Augustus regierende julisch-claudische Kaiserhaus erlosch, waren die Truppen nicht gewillt, dem Senat in Rom die Entscheidung darüber, wer neuer Kaiser werden sollte, zu überlassen. Und so wurde 69 n. Chr. Vitellius, der Statthalter von Niedergermanien und damit Herr über vier Legionen, in Köln zum Kaiser ausgerufen. Natürlich versprachen sich die Soldaten dafür Vorteile, vor allem finanzieller Art. Auch die im Orient stationierten Legionen wollten nicht leer ausgehen und riefen nun ihrerseits den Statthalter Syriens, Vespasian, in Alexandria zum Kaiser aus. In der Entscheidungsschlacht siegte Vespasian und konnte als neuer Kaiser in Rom einziehen. Diese Praxis erreichte im Jahr 193 n. Chr. ihren Höhepunkt, als vier Kaiser gleichzeitig um die Macht kämpften. Im weiteren Verlauf des 3. Jahrhunderts wurde sie geradezu üblich.

Die Soldaten konnten einen Kaiser auch fallenlassen,

Die römische Kaiserzeit (23 v. Chr.-476 n. Chr.)

Auch wenn Augustus faktisch seit der Seeschlacht bei Actium Alleinherrscher war, wurden die Grundlagen für den Prinzipat, das römische Kaisertum, erst 23 v. Chr. festgelegt. In diesem Jahr erhielt Augustus die *tribunicia potestas* und das *imperium proconsulare maius*. Die tribunizische Gewalt erlaubte ihm, gegen jeden Beschluss des Senates Veto einzulegen, die prokonsularische Macht erhob ihn zum Herrn über alle Provinzen.

Für die Nachfolge galt in erster Linie immer das dynastische Prinzip: Der nächste lebende Verwandte des verstorbenen Kaisers, möglichst sein Sohn, wird zum Nachfolger. Ist die Erbfolge unklar oder hat der Kaiser keinen leiblichen Sohn, kann er seinen Nachfolger bestimmen, indem er ihn adoptiert. Erlischt eine Dynastie, kommt häufig das Militär zum Zuge, indem eine Truppeneinheit ihren Kommandeur zum neuen Kaiser ausruft.

Diokletian (284–305) versuchte, ein neues System einzuführen, die Tetrarchie mit zwei Kaisern (Augusti) und zwei Thronfolgern (Caesares). Starb einer der Kaiser, rückte sein Thronfolger auf und bestimmte für sich einen neuen Thronfolger. Doch nach dem Rückzug Diokletians aus der Politik brach das System bald auseinander und das dynastische Prinzip wurde wieder eingeführt.

wenn sie sich von einem anderen mehr erhofften, ein höheres Geldgeschenk für ihre Unterstützung und reichere Beute bei den Kriegszügen. Und so bestimmte im 3. Jahrhundert vor allem die Profitgier der Soldaten die Politik.

Die Kaiser lernten aus dieser Situation: Die hohe Konzentration des Militärs wurde nach und nach aufgegeben, die Legionen auf verschiedene Provinzen verteilt. Zwei Jahrhunderte nach Augustus, um 200 n. Chr., waren die meisten der nunmehr

33 Legionen an den Außengrenzen des Reiches stationiert. Die Ostgrenze schützten jetzt insgesamt zehn Legionen, deren Standlager sich aber auf sieben Provinzen verteilten.

Organisation

Das römische Heer war straff durchorganisiert. Ein lebendiges Bild vom Leben eines Legionärs vermittelt uns der jüdische Historiker Flavius Josephus (37/38–um 100 n. Chr.).

> Das Holztragen, die Versorgung mit Lebensmitteln und das Wasserholen werden, so oft es nötig ist, nach einer festen Einteilung von den dazu bestimmten Leuten ausgeführt. Es ist auch dem Einzelnen nicht freigestellt, Hauptmahlzeit oder Frühstück dann einzunehmen, wenn es ihm gefällt; Schlafenszeit, Nachtwachen und Wecken zeigen Trompetensignale an, nichts geschieht ohne Befehl. An jedem Morgen versammeln sich die Soldaten vor ihren Hauptleuten, um sie zu begrüßen, ebenso diese vor ihren Obersten, welche sich ihrerseits mit allen höheren Offizieren zum Oberbefehlshaber begeben. Dieser gibt ihnen, wie immer, die Losung und dazu weitere Befehle, die sie ihren Untergebenen übermitteln.
>
> FLAVIUS JOSEPHUS, *Der Jüdische Krieg* 3, 85–88

Flavius Josephus geriet während des jüdischen Aufstandes (66–71 n. Chr.) als Kommandeur einer Festung in römische Gefangenschaft. Später wurde er wieder freigelassen und nahm an der Seite der Römer an der Eroberung Jerusalems teil. So gewann er aus erster Hand einen Eindruck von der Organisation und der Effizienz des römischen Heeres. In seinem Buch *Der Jüdische Krieg* schildert er seine Erfahrungen, auch, um seinen Landsleuten deutlich zu machen, dass sie gegen eine solche Armee keine Chance hatten.

Einen ersten Eindruck von der Anlage eines römischen Lagers finden wir ebenfalls bei Flavius Josephus:

> Sie [die Römer] legen dieses [das Lager] nicht beliebig und in ungleichmäßiger Gestalt an, auch arbeiten dran nicht alle planlos durcheinander, sondern der Boden wird, falls er uneben sein sollte, eingeebnet und ein viereckiges Lager abgemessen. Es folgt dem Heer auch eine Menge von Handwerkern mit den nötigen Bauwerkzeugen.
>
> Die Innenfläche des Lagers wird nach Zeltreihen eingeteilt, die äußere Umwallung macht den Eindruck einer Mauer und ist in regelmäßigen Abständen mit Türmen versehen. Auf die Wälle zwischen den Türmen stellen sie Schnellwurfmaschinen, Flachschleudermaschinen und schwere Steinwerfer, überhaupt Wurfgeräte jeder Art, alle schon schussbereit. Sie errichten vier Tore, auf jeder Seite des Lagerwalles eines, diese gewähren den Lasttieren einen leichten Zugang und sind auch für Ausfälle, falls welche nötig werden, groß genug. Gleichmäßige Straßenzüge durchschneiden das Innere des Lagers und der Mitte zu schlägt man die Zelte der höchsten Offiziere auf; wieder genau mitten zwischen diesen befindet sich das Feldherrenzelt, einem Tempel vergleichbar.
>
> Flavius Josephus, *Der Jüdische Krieg* 3, 77–82

Flavius Josephus war offensichtlich am meisten von den militärischen Details beeindruckt, beschreibt dabei aber nur, was die Römer den Juden voraushatten. Dass die „äußere Umwallung“ aus einem Erdwall mit vorgelagertem Graben bestand und auf den Wall eine hölzerne Palisade gesetzt wurde, setzt er bei seinen Lesern als bekannt voraus. Auch der Binnengliederung des Lagers widmet er nur wenige Zeilen. Diese Lücke kann jedoch durch zahlreiche Ausgrabungen und durch Polybios, der die Einteilung eines Lagers in republikanischer Zeit genauestens beschreibt, geschlossen werden. Ungeachtet aller Vorschriften gleicht kein Lager genau dem anderen, nur die Grundeinteilung bleibt dieselbe. Flavius Josephus beschreibt ein Marschlager: Die Legionäre konnten sich auf einem Feldzug nach einem anstrengenden Marsch nicht einfach irgendwo zur Nachtruhe niederlassen: Zunächst musste noch ein Lager errichtet werden, das am nächsten Morgen wieder abgebaut wurde; die Verschanzungen wurden vor dem Weitermarsch in Brand gesetzt, damit der Feind sie nicht für seine Zwecke benutzen konnte.

Im Gegensatz zu einem Marschlager, das nur das Nötigste für eine Nacht enthielt, waren die festen Standlager der Legionen Städte für sich. Sie besaßen neben Handwerksbetrieben auch Bäder, Latrinen und ein Krankenhaus. Betrat man ein Lager durch die *porta praetoria*, den Haupteingang, fiel zunächst auf, dass hinter dem Wall ein breiter Weg verlief, der sich um das ganze Lager herumzog. Dadurch sollte vermieden werden, dass der Feind mit Wurfgeschossen die Häuser oder Zelte der Soldaten treffen konnte.

> Vor allem aber, bei einem nächtlichen Überfall erreicht sie weder ein Geschoss noch ein Feuerbrand, oder höchstens ganz selten einmal, und dann ohne Schaden anzurichten wegen der großen Entfernung und des weiten Raums um die Zelte herum.
>
> Polybios, *Geschichte* 6, 31

Ging man vom Tor geradeaus zwischen den Unterkünften entlang, kam man zu den *principia*, dem Zentrum des Lagers, einem offenen Platz, an dem die Quästur, die Waffenkammer und das Fahnenheiligtum standen. Das Fahnenheiligtum war sozusagen das Allerheiligste, denn hier wurden die Feldzeichen aufbewahrt, die bei jedem Einsatz mitgetragen wurden und niemals in die Hände des Feindes gelangen durften. Hinter den *principia* befand sich das *praetorium*, in dem der Kommandeur

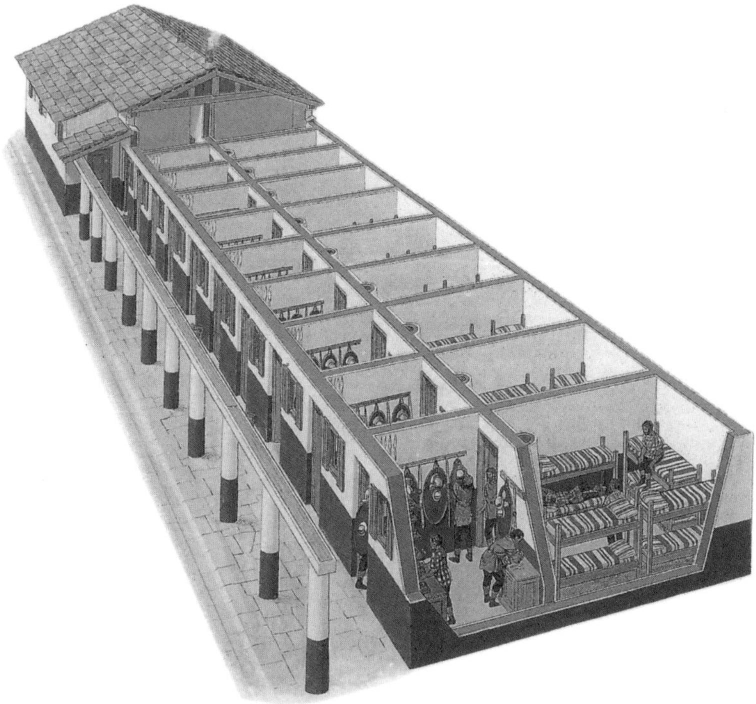

Unterkunft einer Zenturie. Rekonstruktion

der Legion wohnte. In einem festen Lager besaß er ebenso wie die höheren Offiziere ein eigenes Haus.

Die Unterkünfte der einfachen Soldaten nahmen sich dagegen bescheiden aus: Langgestreckte Baracken mit kleinen, nebeneinander angeordneten Wohneinheiten, die sich mehrere Soldaten teilten; ihnen stand ein Schlafraum und ein Vorzimmer zur Verfügung. In jedem dieser Gebäude fand eine Zenturie mit ihrem Zenturio Platz, der selbst eine geräumigere Unterkunft am Ende der Baracke bewohnte. In einem Marschlager wurden die Zelte in derselben Anordnung aufgestellt.

Um auf einem Feldzug Abend für Abend ein solches Lager

errichten zu können, mussten die Soldaten einen gewaltigen Tross mit sich führen, der auf die Lasttiere und ihre eigenen Schultern verteilt wurde:

> Die gewöhnlichen Linientruppen [tragen] […] eine Säge und einen Korb, Spaten und Axt, Riemen, Krummmesser und Handschellen, sowie schließlich für drei Tage Proviant. So fehlt nicht viel daran, dass der Fußsoldat ebenso bepackt ist wie die Maultiere.
>
> FLAVIUS JOSEPHUS, *Der Jüdische Krieg* 3, 95

Auch die morgendliche Vorbereitung der Römer auf den Abmarsch fand Flavius Josephus so faszinierend, dass er dem geschäftigen Treiben einen ganzen Absatz gewidmet hat. Bei dieser Gelegenheit verrät er uns auch, wie ein römisches Heer um 70 n. Chr. bewaffnet war:

> Nun rücken die Soldaten aus und marschieren alle wortlos und in Ordnung dahin, jeder behält seinen Platz in Reih und Glied […] Die Fußtruppen sind durch Brustpanzer und Helm geschützt, jeder trägt auf beiden Seiten eine Hieb- und Stichwaffe: Das Schwert an der Linken ist wesentlich länger, der Dolch an der rechten Seite ist nämlich nur spannenlang. Die ausgewählten Fußsoldaten, die den Schutz des Feldherrn bilden, tragen Lanze und Rundschild, die gewöhnlichen Linientruppen Speer und Langschild, […] Die Reiter dagegen haben ein großes Schwert auf der rechten Seite und in der Hand einen langen Spieß, der Schild hängt schräg an der Seite des Pferdes und in einem Köcher stecken drei oder noch mehr Speere wurfbereit, mit breiter Spitze, aber auch nicht kürzer als eine Stoßlanze. Helm und Brustpanzer haben alle in gleicher Weise wie die Fußsoldaten.
>
> FLAVIUS JOSEPHUS, *Der Jüdische Krieg* 3, 93–96

Die römische Armee funktionierte wie eine Maschine, nichts blieb dem Zufall überlassen, jeder Handgriff war viele Male geübt. Einen Namen machten sich dabei nur die höheren Offiziere; die Zenturionen und einfachen Soldaten, deren „Funktionieren" wesentlich zum Erfolg der Römer beitrug, gerieten in Vergessenheit. Nur eine Reihe von Grabsteinen, die in der Nähe der ehemaligen Militärlager gefunden wurden, erinnern noch an sie.

Die römische Flotte: Aus der Not geboren

Seit 338 v. Chr. schmückten Schiffsschnäbel (*rostra*) die Rednertribüne auf dem Forum Romanum, ohne dass allerdings ein Seesieg vorangegangen war: Die Römer hatten lediglich nach der Niederwerfung der Stadt Antium südlich von Rom deren Flotte beschlagnahmt. Erst einige Jahrzehnte später, im Ersten Punischen Krieg, sahen sich die Römer gezwungen, die Kampfhandlungen wirklich auf das Meer auszudehnen, um den Karthagern, der damals führenden Seemacht im Mittelmeer, Paroli zu bieten. Bis zu diesem Zeitpunkt genügten ihnen die Flotten der Bundesgenossen, auf die man bei Bedarf zurückgriff.

Ihre Unerfahrenheit machten die Römer auf die ihnen eigene praktische Weise wett: Ein erbeutetes karthagisches Schiff wurde zum Vorbild für die römische Flotte, die Kampftaktik wurde nicht etwa der ungewohnten Umgebung angepasst, sondern die Umgebung so gestaltet, dass die Römer ihre altbewährte Taktik beibehalten konnten. Dazu enterte man die feindlichen Schiffe und verband sie mit den eigenen durch Landungsbrücken, sodass die römischen Fußsoldaten wie zu Lande kämpfen konnten.

Die damals übliche Taktik sah eigentlich ganz anders aus: Jedes Kriegsschiff besaß einen großen metallenen Rammsporn, mit dem die feindlichen Schiffe beschädigt werden sollten, damit sie manövrierunfähig wurden oder sanken. Dies erforderte jedoch eine gut ausgebildete Rudermannschaft, wie sie die Römer (noch) nicht besaßen.

Der Erfolg schien den Römern Recht zu geben: 260 v. Chr. konnte der Konsul Gaius Duilius den ersten römischen Seesieg erfechten. Zur Erinnerung an diesen denkwürdigen Sieg wurde auf dem Forum Romanum eine Säule errichtet, die wie die Rednertribüne mit Schiffsschnäbeln dekoriert war. Doch zum Seekrieg gehört mehr als taktisches Geschick, und so verloren die Römer drei Flotten in Stürmen, bevor ihnen im Jahr 241 der entscheidende Sieg über die karthagische Flotte gelang.

Der Erste Punische Krieg (264–241 v. Chr.)

Der Anlass war im Grunde genommen geringfügig: Die Mamertiner in Messana (heute Messina), ehemalige kampanische Söldner, baten Rom um Hilfe, als die beiden mächtigsten Parteien auf Sizilien, König Hieron II. von Syrakus und die Karthager, gemeinsam gegen sie zu Felde zogen. Die Römer hatten zu jener Zeit ihren Einflussbereich schon über ganz Unteritalien ausgedehnt und nutzen nur zu gern die Gelegenheit, auf Sizilien Fuß zu fassen. Nach dem Sieg der Römer im ersten Kriegsjahr bildeten sich die Fronten: auf der einen Seite die Römer, mit denen inzwischen auch König Hieron ein Bündnis eingegangen war, auf der anderen die Karthager.

Nach langen Kriegsjahren konnte Rom die Oberhand gewinnen und erhielt im Friedensschluss die karthagischen Gebiete in Westsizilien. Das Reich von König Hieron blieb hingegen weiterhin selbstständig.

Fortan spielte die Flotte eine wichtige Rolle bei der Ausdehnung des römischen Herrschaftsgebietes, bis schließlich nach der Seeschlacht von Actium vor der Westküste Griechen-

Römische Quinquereme. Rekonstruktionszeichnung von Peter Connolly

lands 31 v. Chr. der gesamte Mittelmeerraum in römischer Hand war, besser gesagt in den Händen des späteren Kaisers Augustus. Vorangegangen war ein entscheidender Wechsel in der Taktik: Die alten schwerfälligen Schiffstypen, die Quinqueremen („Fünfruderer", wahrscheinlich mit drei Ruderreihen übereinander, wobei in den beiden oberen Reihen je zwei Mann ein Ruder bedienten) und Triremen („Dreiruderer" mit drei Ruderreihen übereinander), wurden durch die kleineren und wendigeren *liburnae* (schnelle, niedrig gebaute Schiffe mit zwei Ruderreihen übereinander) ersetzt, die erwartungsgemäß den großen Schiffen der Kleopatra weit überlegen waren. Auch hier machten sich die Römer wieder die Erfahrungen anderer zunutze: Vorbild der *liburnae* waren Piratenschiffe, für die natürlich Wendigkeit und Schnelligkeit enorm wichtig waren. Wie Polybios treffend schreibt:

> Denn wie nur irgendjemand sonst verstehen sie (die Römer) es, sich fremde Gewohnheiten anzueignen und zum Muster zu nehmen, was besser ist. Polybios, *Geschichte* 6, 25

In der römischen Kaiserzeit spielte der Seekrieg so gut wie keine Rolle mehr. Je eine Flotte kontrollierte den westlichen und östlichen Mittelmeerraum, setzte Truppenverbände über, jagte hin und wieder Piraten und schützte vor allem die Getreideflotten aus Nordafrika und Ägypten, die die Versorgung der Großstadt Rom mit dem Grundnahrungsmittel sicherten. Stationiert waren die Flotten in Misenum (westlich von Neapel) und Ravenna. Während in der Republik die jeweils amtierenden Konsuln das Kommando innehatten, sind es in der Kaiserzeit zunächst kaiserliche Freigelassene, später Angehörige des zweiten Standes, der Ritter (*equites*), im Rang eines Präfekten, bezeichnenderweise also kein Senator. Damit wird deutlich, wie wichtig dem Kaiser die Loyalität der Kommandanten war. Der wohl berühmteste Flottenkommandant war Plinius der Ältere, der bei dem Vesuvausbruch 79 n. Chr., als er versuchte, mit der Flotte Menschen zu retten, selbst ums Leben kam.

Über die Besatzungen der Schiffe, die Ruderer und die Matrosen, ist nur wenig bekannt. 258 v. Chr., also mitten im Ersten Punischen Krieg, regte sich der Widerstand der römischen Bundesgenossen und der Sklaven gegen den Flottendienst. Offenbar waren es keine römischen Bürger, die die Besatzungen bildeten. Von dem griechischen Historiker Polybios erfahren wir, dass eine Quinquereme im Ersten Punischen Krieg eine Besatzung von 300 Mann besaß, von denen 280 Ruderer waren, die übrigen Matrosen. Transportieren konnte dieser Schiffstyp 120 Soldaten. Im 2. Jahrhundert v. Chr. wurde die ärmste Bevölkerungsschicht zum Flottendienst herangezogen, wie uns ebenfalls Polybios überliefert.

Die Veteranen: Ein politisches Machtinstrument

Seitdem stehende Heere die Bürgermiliz früh- und mittelrepublikanischer Zeit abgelöst hatten, gab es im eigentlichen Wortsinn Veteranen, also ehemalige Soldaten, die eine durchgehende längere Dienstzeit abgeleistet hatten. Zu allen Zeiten waren sie ein politisches Machtinstrument, denn sie standen loyal hinter ihrem einstigen Feldherrn und waren in der Regel durchaus bereit, für ihn wieder zu den Waffen zu greifen. Seit dem Ende des 2. Jahrhunderts v. Chr. versuchten immer wieder Feldherren, den Senat in Rom dazu zu bewegen, einem Gesetz zuzustimmen, das die Landverteilung an ihre Veteranen regeln sollte. Diese Zustimmung war notwendig, weil der Staat das nötige Land aufkaufen musste. Doch aus Furcht, einzelne Feldherren könnten zu mächtig werden, zeigten sich die Senatoren nicht immer kooperativ, und manchmal bedurfte es eines politischen Tricks, um das Gesetz zu verabschieden:

> [Und so ließen sie, obwohl der Rest teilweise nicht einverstanden war, nichtsdestoweniger das Gesetz durchgehen, zumal beide Männer (Pompejus und Crassus), nicht nur allgemein als gute Bürger eingeschätzt, sondern auch, wie man vermutete, als Feinde Caesars – ihre Versöhnung war ja noch nicht bekannt –, sich für die Billigung des Antrages aussprachen.]
>
> Cassius Dio, *Römische Geschichte* 38, 5, 4

Pompejus (106–48 v. Chr.), einer der mächtigsten Feldherren der späten Republik, scheiterte zunächst am Senat, als er ein entsprechendes Gesetz für seine Veteranen einbrachte. Nicht lange danach, im Jahr 60 v. Chr., kam es zum sogenannten Ersten Triumvirat, einer geheimen Absprache zwischen Pompejus, Caesar und Crassus, dem reichsten Mann Roms. Als Caesar 59 v. Chr. Konsul war, konnte er das Gesetz auf den Weg bringen, nicht zuletzt, weil seine vorgeblichen politischen Gegner Pompejus und Crassus dafür plädierten.

Land für die Veteranen

Sulla war der Erste, der nachweislich Land an Veteranen verteilte. Allerdings benötigte er dafür nicht die Zustimmung des Senates, da er den nötigen Grundbesitz einfach von den Unterlegenen im Bundesgenossenkrieg beschlagnahmte, so auch in Pompeji, das sich auf die Seite der Aufständischen geschlagen hatte.

Mit der Einrichtung einer Veteranenkolonie in Pompeji 80 v. Chr. wurde eine Stadtverwaltung nach römischen Vorbild eingeführt. Auf diese Weise konnte Sulla einerseits seine Veteranen versorgen, andererseits aber auch durch deren bloße Anwesenheit die einheimische Bevölkerung zur Ruhe zwingen. Aller-

Der Bundesgenossenkrieg (91–88 v. Chr.)

Mit der Bezeichnung „Bundesgenossen" sind die italischen Stämme gemeint, die Rom über lange Zeit unterstützt hatten und dafür nun die rechtliche Gleichstellung mit den Römern forderten. Als Rom dies verweigerte, kam es zum Aufstand, den Sulla schließlich niederwerfen konnte. Alle Italiker erhielten nun das römische Bürgerrecht.

dings scheinen viele der Veteranen nicht lange in Pompeji geblieben zu sein, denn die neuen Namen, die nach der Koloniegründung auftauchten, verschwanden schon bald wieder.

Hier zeigt sich, dass die Veteranenpolitik nicht immer im Sinne der Betroffenen war. So mancher verkaufte seinen Acker und zog wieder fort, denn mit dem Ort, an dem er angesiedelt worden war, verband ihn nichts. Im Gegenteil: Die alteingesessene Einwohnerschaft begegnete ihm mit Misstrauen oder feindselig, denn er verkörperte ja die Besatzungsmacht, die nicht willkommen war.

Nach der Ermordung Caesars am 15. März 44 v. Chr. spielten die Veteranen eine wichtige politische Rolle, da sich viele von ihnen in Rom befanden und nun Rache für ihren Feldherrn forderten. Natürlich bangten sie auch um die Landzuweisungen, die Caesar ihnen versprochen hatte. Mark Anton (82–30 v. Chr.), ein loyaler Parteigänger Caesars, nutzte die Chance und zog die Veteranen auf seine Seite, die Mörder mussten fliehen. Caesars Neffe und Adoptivsohn Octavian/Augustus, der testamentarisch zum Haupterben erklärt war, ging unterdessen an den Golf von Neapel, nach Kampanien, um die dortigen Veteranen Caesars für sich zu gewinnen.

Im darauffolgenden Bürgerkrieg, der mit Octavians Sieg über Mark Anton 31 v. Chr. bei Actium ein Ende fand, entledigte sich der spätere Kaiser Augustus nach und nach aller innenpolitischen Gegner, wobei er immer wieder vor dem Problem stand, die entlassenen Truppen dieser Gegner versorgen zu müssen, damit sie nicht zum Unruheherd wurden. Die nötigen Ausgaben bezahlte er zunächst aus eigener Tasche, bis er 6 n. Chr. das *aerarium militare* einrichtete, aus dem die Veteranen vom Staat entlohnt wurden.

In seinem Tatenbericht, den *res gestae*, vermerkt Augustus, dass er 300 000 Veteranen angesiedelt habe oder in ihre

Heimat zurückgehen ließ. Das wären 50 bis 60 Legionen, eine Zahl, die doch etwas übertrieben erscheint.

Da Landzuweisungen in der Kaiserzeit immer schwieriger wurden – es gab schließlich kaum noch Feinde, deren Land man konfiszieren konnte –, erhielten die Soldaten am Ende ihrer Dienstzeit zunehmend Geldprämien statt Ackerland, eine Praxis, die spätestens seit dem 2. Jahrhundert n. Chr. die Regel war. Hinzu kam, dass die Truppen nun feste Standquartiere besaßen, in denen die Soldaten die meiste Zeit verbrachten und sich daher im Zivilleben lieber in der Nähe ihres langjährigen Standortes niederließen, wenn sie nicht in ihre Heimat zurückzogen.

Über jeden Soldaten wurde während seiner Dienstjahre genau Buch geführt. Bei seiner Entlassung wurde in den Akten vermerkt, warum er aus dem Militär ausschied: Es gab die ehrenvolle Entlassung nach Ableistung der vollen Dienstzeit, die vorzeitige Entlassung wegen Krankheit oder Invalidität und die unehrenhafte Entlassung, wenn er ein schwerwiegendes Verbrechen begangen hatte. Der Soldat selbst erhielt eine Urkunde, die ihm an seinem neuen Heimatort Privilegien einräumte, beispielsweise war er von bestimmten Steuern befreit. Als Veteran besaß er einen gehobenen Status: Oft stiegen Veteranen an ihren Wohnorten in die höheren Ämter auf und nahmen in den lokalen Kulten eine wichtige Position ein.

Die Soldaten der Hilfstruppen erhielten mit ihrer Entlassung das römische Bürgerrecht, was ebenfalls für ihre Frauen und Kinder galt. Auch hierfür gab es eine Urkunde, das sogenannte Militärdiplom, dessen Original mit den Namen aller gleichzeitig entlassenen Soldaten neben dem Augustustempel auf dem Palatin in Rom ausgehängt wurde. Jeder Einzelne bekam eine Abschrift in Form zweier Bronzetäfelchen, die zusammengeklappt werden konnten. Der Text bestand sozusagen aus einem Standardformular, das folgendermaßen lauten konnte

(Der Soldat, von dem hier die Rede ist, stammte aus Hippos, einer Stadt am See Genezareth. Seine Einheit wurde in Ituräa, im heutigen Libanon, ausgehoben.):

> Der Imperator Caesar [...] Nerva Trajanus Augustus [...] hat den Reitern und Fußsoldaten, welche in folgenden 3 Alen und 7 Kohorten dienten [...] [diesen] hat er, nachdem sie 25 Jahre und mehr dienten und mit ehrenvoller Entlassung verabschiedet worden sind – ihre Namen sind unten verzeichnet – ihnen selbst, ihren Kindern und Nachkommen, das Bürgerrecht gegeben, und hat ihre Ehe legalisiert mit ihren Ehefrauen, die sie zum Zeitpunkt der Bürgerrechtserteilung hatten, und wenn sie ledig waren, denjenigen, welche sie später heiraten würden [...] Von der Cohors II Ituraeorum, unter dem Kommando des Lucius Aquillius Oculatius, aus den Fußsoldaten, dem Marcus Spedius Corbulo, Sohn des Marcus, aus der Stadt Hippus. Abgeschrieben und geprüft aus der Bronzetafel, welche aufgehängt ist zu Rom an der Mauer hinter dem Tempel des Divus Augustus bei der Minerva.[1]

Belagerungen: Hannibal ad portas

Hannibal steht vor den Toren! Als die Römer nach der verlorenen Schlacht bei Cannae (Apulien) 216 v. Chr. zusehen mussten, wie der karthagische Feldherr auf ihre

Hannibal und der Zweite Punische Krieg

Hannibal, der berühmteste Feldherr Karthagos, brachte den Römern im Zweiten Punischen Krieg (218—201 v. Chr.) empfindliche Verluste bei. Indem er zu Beginn des Krieges von Spanien mit seinem Heer im Eiltempo über die Pyrenäen und Alpen nach Oberitalien vorstieß, zwang er die Römer zu einer überhasteten Defensive und konnte dadurch mehrere römische Heere besiegen. Quintus Fabius Maximus Cunctator (der „Zögerer"), der während des Krieges zum Dictator und zweimal zum Consul gewählt wurde, vermied deshalb eine Entscheidungsschlacht gegen Hannibal, eine Taktik, die entscheidend dazu beitrug, dass die Römer wieder die Oberhand gewannen. Denn Hannibal verbrauchte seine Kräfte, indem er ohne eigentliches Ziel durch Süditalien streifte. Die Römer nutzten die Situation und eroberten nach und nach Italien zurück. 203 v. Chr. musste Hannibal schließlich unbesiegt nach Nordafrika weichen, wo er bei Zama im darauffolgenden Jahr eine schwere Niederlage gegen die Römer einstecken musste, die zur Kapitulation Karthagos führte.

Hauptstadt zumarschierte, packte sie das Entsetzen. Schon lange war es keinem Feind mehr gelungen, bis nach Rom vorzustoßen. Doch Hannibal entschied sich gegen eine langwierige Belagerung und zog zur Erleichterung der Römer bald wieder ab, um in Unteritalien weitere Verbündete zu gewinnen.

Damit waren die Römer glimpflich davongekommen. Normalerweise führte der Anmarsch des Feindes auf eine Stadt zu einer Evakuierung oder einer Belagerung. Eine Evakuierung kam selten vor, denn jeder wollte sein Eigentum schützen. Erst ein göttlicher Fingerzeig konnte die Menschen zum Verlassen ihrer Stadt bewegen, wie beispielsweise vor der Seeschlacht bei Salamis (480 v. Chr.), als das persische Landheer gegen Athen zog:

> Hier ließen sie [die Athener] bekannt machen, jeder Athener solle seine Kinder und sein Gesinde, so gut er könne, in Sicherheit bringen [...] Sie hatten es aber damit so eilig schon mit Rücksicht auf das Orakel [...] Die Athener behaupten, als Wächter der Burg [Akropolis] hielte sich im Tempel dort eine große Schlange auf, der sie alle Monate wie einem Menschen Speise vorsetzten, nämlich Honigkuchen. Dieser Honigkuchen, der bisher immer verzehrt worden war, blieb jetzt unangerührt. Als ihnen die Priesterin das mitteilte, beeilten sie sich umso mehr, ihre Stadt zu verlassen, weil sie glaubten, auch die Göttin [Athena] hätte die Burg verlassen.
>
> Herodot, *Historien* 8, 41

Vor- und Nachteile einer Belagerung

Nicht immer suchten die Kriegsparteien die Entscheidung in einer offenen Schlacht zu Lande oder zu Wasser. Manchmal war man besser beraten, sich in eine gut befestigte Stadt zurückzuziehen und auf eine Belagerung einzurichten. Auch nach einer

Schlacht konnte das unterlegene Heer in einer Befestigung Zuflucht nehmen, so beispielsweise die Perser nach der Schlacht von Plataä 479 v. Chr. Bis ins frühe 5. Jahrhundert v. Chr. waren die Belagerten im Vorteil, vorausgesetzt, man verfügte über genügend Nahrung und Wasser. Den Angreifern blieb nur die Wahl, das (hölzerne) Tor mit Rammböcken und Äxten aufzubrechen, eine Bresche in die Mauer zu schlagen oder mit Leitern die Mauer zu übersteigen. In jedem Fall war mit großen Verlusten zu rechnen, denn die Verteidiger „bombardierten" die Angreifer von den Mauern mit Pfeilen, Speeren und Steinen. Erst als die Griechen im frühen 5. Jahrhundert v. Chr. von der hoch entwickelten Belagerungstechnik der Perser Kenntnis bekamen, änderte sich die Situation.

Belagerungsmaschinen

Der Zweck der Belagerungsmaschinen bestand in erster Linie darin, nahe genug an die Mauer der belagerten Stadt zu gelangen, ohne sich dabei dem Geschosshagel der Verteidiger aussetzen zu müssen. Daher besaßen alle Belagerungsmaschinen ein Dach und häufig auch Räder, um sie bewegen zu können. Die einfachste Vorrichtung war die Schildkröte, die im Wesentlichen aus einem stabilen Dach bestand und beispielsweise zum Angriff auf das Tor mit einem Rammbock ausgerüstet wurde. Daneben konnte die Schildkröte dazu verwendet werden, eine Belagerungsrampe aufzuschütten, um den Angreifern das Übersteigen der Mauer zu erleichtern. Eine solche Belagerungsrampe ist noch heute vor Masada zu sehen, der letzten Bastion des Jüdischen Krieges, die der spätere römische Kaiser Titus 73–74 n. Chr. belagerte. Damit die Soldaten nicht für jede Ladung Erde und Steine mit der Schildkröte zurückfahren mussten, um außer Schussweite zu gelangen, wurde die Schildkröte mit einem gedeckten Gang aus leicht beweglichen Einzelteilen, Lauben genannt, verbunden, durch den die Soldaten unbehelligt das Schüttmaterial heranschaffen konnten.

Eine andere Möglichkeit, in eine belagerte Stadt zu gelangen, bestand darin, die Fundamente der Mauer zu untergraben, damit sie einstürzte. Auch hier bewährten sich die Lauben: Ohne sie hätten die Angreifer nicht ohne Verluste bis an die Mauer gelangen, geschweige denn dort längere Zeit graben können.

Alle Belagerungsmaschinen besaßen jedoch einen Nachteil: Sie bestanden zum großen Teil aus Holz und konnten daher von den Belagerten in Brand gesetzt werden, beispielsweise mit brennenden Pfeilen oder Fackeln. Deshalb wurden die Bretter, aus denen die Belagerungsmaschinen bestanden, mit Häuten bespannt und mit einer Schicht Lehm überzogen.

Wenn alle Verteidigungsmaßnahmen nichts nützten und die Einnahme der Mauer kurz bevorstand, errichteten die Belagerten eine zweite Mauer in einem gewissen Abstand zur ersten, um von dort die Angreifer unter Beschuss nehmen zu können, sobald diese die erste Mauer überstiegen.

Die Belagerung von Plataä

Eine lebendige Schilderung einer Belagerung überliefert Thukydides: Plataä, eine Stadt in Böotien, wird 429–427 v. Chr. von den Spartanern belagert. Der größte Teil der Bevölkerung war nach Athen evakuiert worden, sodass nur noch eine Besatzung von 480 Mann und „110 Frauen zum Brotbacken“[1] in der Stadt zurückgeblieben war. Die Spartaner errichteten zuerst eine hölzerne Palisade, um die Belagerten einzuschließen. Anschließend begannen sie, an der Stadtmauer einen Damm aufzuschütten, an dem sie 70 Tage arbeiteten. Die Belagerten reagierten darauf, indem sie ihre Mauer erhöhten. Das nötige Baumaterial gewannen sie aus den nahe stehenden Häusern, die abgerissen wurden. Außerdem unterminierten sie die Rampe:

> Dafür gruben sie [die Platäer] aus der Stadt einen Stollen, wohlberechnet bis genau unter den Damm, und holten wieder die Erde von unten weg zu sich herein. Die längste Zeit kamen die draußen nicht dahinter, sodass sie mit allem Aufwerfen nicht vorwärtskamen, und was sie oben hinschütteten, ihnen unten heimlich weggeschafft wurde und immer wieder in die Aushöhlung absackte.
>
> Thukydides, *Geschichte des Peloponnesischen Kriegs* 2, 75

Auch gegen die Rammböcke der Spartaner wussten sich die Platäer zu helfen: Sie befestigten schwere Balken an zwei Eisenketten an der Außenseite der Mauern. Griffen die Spartaner an, ließen die Belagerten die Balken fallen, die durch die Wucht des Aufpralls den Rammbock zerstörten. Anschließend konnten die Balken an den Eisenketten wieder emporgezogen werden.

Die Spartaner, die auf eine rasche Einnahme gehofft hatten, versuchten es nun mit Feuer. Dazu türmten sie an der Mauer Brennholz auf, das mit Pech und Schwefel getränkt war. Fast hätte die gewaltige Stichflamme Platää zu Fall gebracht, doch ein rechtzeitig einsetzender Gewitterregen rettete sie ein weiteres Mal. Schließlich umgaben die Spartaner die Stadt mit einer Mauer, sodass niemand mehr hinauskonnte. Zwei Jahre später musste sich Platää vor Hunger ergeben.

Neue Erfindungen

Um die Mitte des 4. Jahrhunderts v. Chr. wurde die Belagerungstechnik durch zwei Erfindungen verbessert: das Katapult, mit dessen Hilfe Pfeile und Steine über größere Entfernungen ins Ziel geschossen werden konnten, und der fahrbare Belagerungsturm. Diese Türme überragten die Stadtmauer und waren häufig mit einem Rammbock, Katapulten und einer Fallbrücke ausgerüstet, über die die Soldaten auf die Mauer der Belagerten gelangen konnten. Im Hellenismus (323–31 v. Chr.) wurden immer größere Belagerungsmaschinen gebaut. Bei der Belagerung von Rhodos 304 v. Chr. durch Demetrios Poliorketes (der „Belagerer“) wurde ein Turm eingesetzt, der über 30 Meter hoch gewesen sein soll. Der römische Architekt Vitruv berichtet in seinem um 22 v. Chr. herausgegebenen Werk *Über die Architektur* von einer Widderschildkröte gigantischen Ausmaßes:

> Ihr Unterbau hatte nämlich eine Länge von 63 Fuß [ca. 21 Meter], eine Breite von 42 [ca. 14 Meter]. [...] Der Widder der Maschine aber hatte eine Länge von 104 Fuß [knapp 35 Meter] [...] Und diese Maschine wurde auf sechsfache Weise bewegt: nach vorn und hinten, nach rechts und links; ebenso ließ sie sich in die Höhe richten und durch eine Abwärtsneigung nach unten. [...] Die Maschine, die ein Gewicht von 4000 Talenten, d. h. 480 000 Pfund [ca. 160 Tonnen], hatte, bedienten 100 Mann. Vitruv, *Über die Architektur* 10, 15

Die Römer sammelten ihre Kenntnisse über Belagerungsmaschinen in den Kriegen gegen die hellenistischen Könige, erstmals 280–275 v. Chr., als König Pyrrhos von Epirus (Nordwestgriechenland) die unteritalischen griechischen Städte gegen Rom unterstützen wollte. Einen vergleichbar hohen technischen Stand erreichten sie jedoch erst im 2. Jahrhundert v. Chr., als sie politisch im östlichen Mittelmeerraum aktiv wurden. Ihre Erfahrungen lehrten sie aber bald, auf die riesigen Dimensionen der hellenistischen Belagerungsmaschinen zu verzichten, da diese zu schwerfällig waren und aufgrund ihres Gewichtes sogar im Boden einsacken konnten.

Der Belagerungsring von Alesia. Rekonstruktion

Im Jahr 52 v. Chr. belagerte Caesar die Stadt Alesia, in die sich der Anführer der Gallier, Vercingetorix, zurückgezogen hatte. Dabei verwendete Caesar eine doppelte Umwallung, die einerseits die Eingeschlossenen darin hinderte, einen Ausfall zu unternehmen, andererseits die römischen Truppen, die zwischen den beiden Wällen lagerten, vor der anrückenden gallischen Verstärkung schützte.

In der Kaiserzeit, als der gesamte Mittelmeerraum fest in römischer Hand war, wurden Belagerungen selten und kamen nur noch im Jüdischen Krieg (Jerusalem 70 n. Chr., Masada 73–74 n. Chr.) und in Kämpfen jenseits der Grenzen des Imperiums vor, beispielsweise bei der Einnahme Dakiens durch Trajan 101–102 und 105–106 n. Chr.

Götter und Gesetze

Der Krieg wird von den Menschen geführt. Doch die Götter wachen über die Einhaltung der heiligen Gesetze.

Kriegsgötter: Schreckliche Gestalten

Welche prominente Rolle Krieg in der antiken Gesellschaft spielte, ist schon daran zu erkennen, dass es nicht nur einen Kriegsgott oder eine Kriegsgöttin gab, sondern dass sich verschiedene Götter in dieses „Ressort“ teilten. Bei den Griechen galt Ares, der Sohn von Hera und Zeus, als bedeutendster Kriegsgott. Er verkörperte alle negativen Aspekte des Krieges und wütete in der Schlacht gnadenlos unter den Soldaten. Ares besaß an vielen Orten Heiligtümer, doch keines erlangte eine herausragende Bedeutung. Sein Name lebt im antiken Versammlungsort des Athener Rates, dem Areopag, fort. Nach dem Mythos musste sich Ares dort vor den versammelten Göttern für einen Mord verantworten.

Zu seinen Söhnen gehörten Phobos und Deimos, Schrecken und Furcht, seine Schwester war Eris, die Personifikation von Zank und (oft kriegerischem) Streit. Sie stiftete zwischen den Göttinnen Hera, Athena und Aphrodite Unfrieden, indem sie der schönsten der drei einen goldenen Apfel versprach (den „Zankapfel“), eine Episode, die schließlich zum Trojanischen Krieg führte (s. S. 14).

Über Enyalios, den Gott des blutigen Nahkampfes, waren sich schon die Griechen unsicher, ob er als eigenständige Gottheit oder nur als Teilaspekt von Ares anzusehen ist. Seine weibliche Entsprechung, Enyó, tritt im Mythos kaum in Erscheinung. Homer nennt sie „der Städt' Unholdin“.[1]

Ares, der Feigling und Ehebrecher

Obwohl Ares in den Schlachten rücksichtslos wütet, ist er selbst ein Feigling: In der *Ilias* wird er mit Athenas Hilfe von dem Griechen Diomedes verletzt. Daraufhin eilt er jammernd zu seinem Vater Zeus und beklagt sich schwer über sein Schicksal: „Sonst hätte ich lange / Dort Schmerzen ertragen unter den furchtbaren Leichen, / Oder ich lebte kraftlos fort von den Hieben des Erzes."[2]

Im Privatleben zieht es Ares zu Aphrodite, der Göttin der Schönheit, die mit dem Schmiedegott Hephaistos verheiratet ist. Hephaistos fängt die Ehebrecher zusammen im Bett mit einem goldenen Netz und holt die anderen Götter als Zeugen herbei, die bei dem Anblick in schallendes Gelächter ausbrechen (das „homerische Gelächter").

Eine sehr viel wichtigere Rolle kam Athena zu, die nach Hesiod „den Lärm von Kriegen und Schlachten liebt".[3] Im Gegensatz zu Ares, Enyalios und Enyo steht sie jedoch für die kluge, besonnene Kriegführung und wurde als kampfbereite Schützerin der Städte verehrt, besonders in Athen. Als Göttin der Weisheit galten ihre Sympathien Helden wie dem „listenreichen" Odysseus.

Mars & Co. — Römische Kriegsgötter

Obwohl schon in der Antike der römische Gott Mars mit dem griechischen Ares gleichgesetzt wurde, besitzen beide einen sehr unterschiedlichen Charakter: Mars, mit dem der Feldherr gleichsam eine Einheit bilden sollte, stand für den geregelten Ablauf eines Krieges und das Glück im Kampf. Bellona war die dunkle, zerstörerische Seite des Krieges. Über ihren Kult, der

Ares und Aphrodite. Römische Wandmalerei aus Pompeji, 1. Jahrhundert n. Chr.

ebenfalls düstere Züge trug – ihre Anhänger verwundeten sich bei Umzügen mit Doppeläxten selbst –, munkelt man, dass es sogar Menschenopfer gegeben habe: Der Historiker Cassius Dio (um 155–235 n. Chr.) erwähnt, dass im Jahr 48 v. Chr. versehentlich ein Altar der Bellona abgetragen wurde, in dem man Töpfe voller Menschenfleisch fand.[4] Die Dritte im Bunde war Minerva, deren kriegerischer Aspekt schon allein durch ihre Darstellung mit Helm und Waffen deutlich wird. Ihr Aufgabenbereich lag wie bei Athena in der durchdachten Kriegsführung.

Eine wichtige Rolle kam schließlich Virtus zu, die eigentlich für die Summe aller Tugenden des Mannes stand, durch die er Ehre (*honos*) erwerben konnte. Schon bald wurde aus Virtus die Personifikation der Tapferkeit im Kampf. In bildlichen Darstellungen erscheint sie als bewaffnete Amazone, bekleidet mit einem kurzen Chiton, der eine Brust unbedeckt lässt.

Bezeichnenderweise gaben die Römer ihrer Stadtgöttin Roma, die erst spät nach dem Vorbild der Stadtgöttin von Athen, Athena, entstanden ist,[5] das Aussehen einer kriegerischen Göttin, in deren Darstellung Elemente der Athena bzw. Minerva und vor allem der Virtus vereint sind, mit der sie leicht verwechselt werden kann. Bedenkt man zudem, dass der Vater des mythischen Gründers von Rom, Romulus, niemand anders als der Kriegsgott Mars war, wird klar, wie sich Rom selbst gesehen hat: als eine Stadt, die durch Krieg, verbunden mit militärischer Tugend (*virtus*), aufgestiegen ist.

Die Tempel der mit dem Krieg verbundenen Gottheiten wurden oft vor einem Feldzug versprochen; für den Fall eines Sieges, versteht sich. So entstand der Tempel der Bellona nach einem Gelübde des Appius Claudius Caecus aus dem Jahr 296 v. Chr. im Dritten Samnitenkrieg. Der Konsul Marcus Claudius Marcellus versprach 222 v. Chr. Virtus und Honos einen Tempel, der allerdings erst einige Jahre nach seinem Sieg über die keltischen Insubrer in der Poebene errichtet wurde. Der älteste Tempel für Mars datiert aus dem Jahr 388 v. Chr. und stand wie die übrigen genannten Heiligtümer außerhalb der Stadt. Erst unter Augustus wurde mit dem Tempel des Mars Ultor (der Rächer) auf dem von ihm erbauten Forum am 12. Mai 2 v. Chr. ein Tempel für einen Kriegsgott innerhalb der Stadtgrenzen geweiht. Das gilt jedoch nicht für Minerva, die in ihrer Eigenschaft als Teil der sogenannten kapitolinischen Trias Jupiter, Juno und Minerva lange zuvor auf dem Kapitol verehrt wurde.

Kriegsrecht in der Antike: Gesetze und Riten

In der Antike gab es kein Völkerrecht im modernen Sinne, keine verbindlichen Gesetze für den Krieg, die von allen Völkern akzeptiert wurden. Ebenso wenig existierte eine überstaatliche Institution, die Kriegsverbrechen verfolgte. Vielmehr stellte jede staatliche Gemeinschaft ihre eigenen Regeln auf zur Legitimation eines Krieges. Oft waren diese Regeln mit Kulthandlungen und Ritualen verbunden, um den heiligen Charakter der Regeln zu unterstreichen: Ihre Missachtung würde den Zorn der Götter hervorrufen.

In Griechenland betrafen diese Regeln weniger Beginn und Ende eines Krieges, auch wenn eine Kriegserklärung vor Beginn der Kampfhandlungen üblich war und das Ende des Krieges oft durch Verträge besiegelt wurde. Die Entscheidung über Krieg und Frieden lag in der Regel bei der Volksversammlung, die sich aus den wehrfähigen freien Männern des jeweiligen Staates zusammensetzte. Vor ihrer Entscheidung wurden die Argumente für und gegen einen Krieg öffentlich diskutiert: Dabei versuchten Redner wie beispielsweise Demosthenes und Isagoras, die Volksversammlung von ihrer Meinung zu überzeugen.

Erst mit der Entscheidung der Volksversammlung war ein Krieg legitimiert, den Gesetzen der Menschen Genüge getan. Doch diese Gesetze waren wie gesagt von den Bürgern des Staates aufgestellt worden, der den Krieg begann bzw. beendete. Sie

Die Amphiktyonie – eine heilige Kultgemeinschaft

Unter einer Amphiktyonie verstanden die Griechen einen Bund verschiedener Staaten, die gemeinsam den Kult in einem bestimmten Heiligtum pflegten und schützten. Normalerweise hatte eine Amphiktyonie eher lokalen Charakter und setzte sich aus den Städten, die dem Heiligtum benachbart waren, zusammen. Nur zur delphischen Amphiktyonie gehörten auch entfernte Städte aus vielen Teilen Griechenlands.

waren kein allgemeingültiges Recht, das für alle Gemeinwesen der antiken Welt galt. Allgemeingültig – zumindest unter den griechischen Stadtstaaten – war jedoch das göttliche Recht, zu dem z. B. die Amphiktyonie gehörte, deren Mitglieder sich weder gegenseitig belagern noch ihre Städte zerstören durften.

Auch die *ekecheiría*, eine begrenzte Waffenruhe, die von allen Kriegsparteien vereinbart wurde, galt als heilig und durfte nicht übertreten werden. Eine solche Waffenruhe wurde während der Olympischen Spiele verkündet, damit die Wettkämpfer aus allen Teilen Griechenlands gefahrlos ans Ziel gelangen konnten. Ansonsten diente die Waffenruhe während eines Krieges meist zur Bestattung der Toten, so auch in der *Ilias*: Hier sind es die Trojaner, die den Griechen durch einen Boten eine Waffenruhe vorschlagen:

> [Und auch dies Wort befahlen sie mir zu sagen: ob ihr gewillt seid, / Aufzuhören mit dem Kampf, dem schlimmtosenden, bis wir die Toten / Verbrannt haben. Später kämpfen wir wieder, bis der Daimon / Uns trennt und den einen von beiden den Sieg gibt.]
>
> Homer, *Ilias* 7, 394–397, Ü: Wolfgang Schadewaldt

Agamemnon, der Anführer der Griechen, kann diesen Wunsch nicht verweigern und ruft den Göttervater Zeus als Zeugen an,[1] um die Abmachung zu besiegeln. Die Götter spielten auch während des Feldzuges eine wichtige Rolle. Daher hätte niemand eine Schlacht begonnen, ohne vorher den Göttern geopfert zu haben, um ihren Beistand zu erflehen. So auch der spartanische Heerführer Pausanias, der vor der Schlacht bei Plataä 479 v. Chr. ein Opfer darbrachte, während sich seine Männer bereits in Schussweite der Perser unter dem Kommando ihres Feldherrn Mardonios befanden.

> Nun opferten sie [die Spartaner], um die Schlacht mit Mardonios und seinem Heere aufzunehmen; aber das Opfer fiel nicht günstig aus, und unterdessen blieben schon viele von ihnen auf dem Platze, und noch mehr wurden verwundet [...] Da die Spartaner einen so schweren Stand hatten und das Opfer nicht günstig war, richtete Pausanias den Blick nach dem Tempel der Hera bei Plataä und betete zur Göttin [...] Gleich nach dem Gebet des Pausanias fielen auch die Opfer der Lakedaimonier [d. h. der Spartaner] günstig aus.
>
> Herodot, *Historien* 9, 61–62

Krieg und Rituale bei den Römern

Die Römer gaben dem Krieg mit rituellen Handlungen, die jeweils am Beginn und Ende eines Krieges bzw. der Kriegssaison vorgenommen werden mussten, einen feierlichen Rahmen und verliehen ihm damit eine besondere Legitimation. Der Grund für die rituellen Zeremonien lag weniger darin, den Krieg vor den eigenen Landsleuten oder auch gegenüber anderen Völkern zu rechtfertigen. Vielmehr galten diese Rituale den Göttern, die davon überzeugt werden mussten, dass der Krieg „ordnungsgemäß" begonnen wurde. Ansonsten bestand die Gefahr, dass die Götter den Beistand für den Krieg verweigerten.

Mit dem Beginn der Kriegszeit im März (im Winter wurde nach Möglichkeit kein Krieg geführt) fanden in Rom mehrere Feste zu Ehren des Kriegsgottes Mars statt, unabhängig davon, ob ein Krieg geplant war oder nicht. Am 1., 9., 14., 19. und 23. März hielten die Salier, ein Kollegium von Waffentanzpriestern, ihre Umzüge ab, bei der die heiligen Schilde des Mars (*ancilia*) herumgetragen wurden. An bestimmten Stellen führten sie ihren traditionellen Waffentanz auf. Mit einem weiteren Umzug am 19. Oktober wurde die Kriegssaison beendet.

Eine wichtige Rolle vor dem Beginn eines Krieges kam dem Priesterkollegium der *Fetiales* zu, die für die Einhaltung der Rechte zwischen den Völkern zuständig waren, speziell der Bündnisse und Verträge (die heiligen Charakter besaßen). Wurde ein Vertrag gebrochen oder ein anderes Unrecht begangen – beispielsweise ein Überfall auf das eigene Territorium –, forderten die *Fetiales* die Auslieferung der Verantwortlichen. Anderenfalls erklärte der Senat nach einer Frist von 33 Tagen den Krieg. Dann wurde vor dem Tempel der Bellona, der römischen Göttin des Krieges, eine Lanze in Blut getaucht und auf ein bestimmtes Stück des Marsfeldes geschleudert, das vorher zum Feindesland erklärt wurde. Dieser Brauch ging auf uralte Zeit zurück, als Rom noch eine kleine Stadt war und man tatsächlich nur eine Lanze zu werfen brauchte, um feindliches Gebiet zu treffen. Diese Zeremonie galt als offizielle Kriegserklärung.

Vor dem eigentlichen Auszug wurden Opfer dargebracht, die Vorzeichen studiert und Gelübde abgelegt. Altehrwürdige Riten mussten befolgt werden: In Rom begab sich der Feldherr zur *Regia*, dem Amtsgebäude der obersten Priester am Forum, um dort die heilige Lanze des Kriegsgottes Mars und die zwölf *ancilia*, Bronzeschilde, die der Sage nach vom Himmel gefallen sein sollen, zu bewegen. Wenn sich diese Gegenstände von selbst bewegten, sah man darin ein schlechtes Omen. Dazu sprach der Feldherr die Worte „Mars, erwache!"

Mit Augustus kam ein weiteres Element hinzu: die Göttin *Fortuna Redux*, Garantin für die glückliche Rückkehr des Kaisers. Als Augustus nach seiner Reise in den Osten 19 v. Chr. nach Rom zurückkam, weihte der Senat der *Fortuna Redux* einen Altar an der *Porta Capena*, durch die der Kaiser in die Stadt eingezogen war. Domitian (81–96 n. Chr.) errichtete der Göttin außerdem einen Tempel, der auf dem Marsfeld nahe bei der *Porta Triumphalis* stand, die für das siegreiche Heer den Ausgangspunkt des Triumphzugs darstellte. Damit stellte Domitian *Fortuna Redux* in den Dienst des Kaisers und des Heeres bei einem Feldzug.

Auch bei den Römern war es üblich, bei Kriegsende Verträge abzuschließen, sogar wenn sich der Gegner bedingungslos ergeben hatte. Damit wurde der Friedensschluss unter den besonderen Schutz der Götter, vor allem Jupiters, gestellt. Jede Verletzung der Verträge wäre ein Frevel gegen die Götter gewesen und Anlass für einen erneuten Krieg.

Der „gerechte Krieg" bei den Römern

Aus der Vorstellung, dass ein Krieg einer besonderen Legitimation gegenüber den Göttern bedurfte, entwickelte sich bei den Römern die Idee vom *bellum iustum*, dem gerechten Krieg, ein Begriff, der erstmals von Cicero (106–43 v. Chr.) in seinen Werken *de re publica* (vom Staatswesen) und *de officiis* (über die Pflichten) verwendet wurde.

Zu einem gerechten Krieg gehörte in erster Linie die Einhaltung der ritualisierten Formalitäten. Weiterhin musste ein

Anlass vorliegen, der einen Krieg rechtfertigte, wie Vertragsbruch, ein Angriff auf Verbündete, Unterstützung eines Kriegsgegners, die Verletzung territorialer Rechte oder ein Angriff auf Gesandte. Damit war ein gerechter Krieg stets ein Verteidigungskrieg, galt sozusagen als Notwehr. Die Entscheidung darüber, ob eine der Voraussetzungen für einen gerechten Krieg tatsächlich erfüllt war, lag allerdings ganz im Ermessen des römischen Senats, der die Situation in seinem Sinne interpretieren konnte.

Welche Rolle die Rechtfertigung für einen Krieg spielte, wird an Caesars Eroberungsfeldzug gegen Gallien deutlich. Als Statthalter der Provinz *Gallia Cisalpina* (Oberitalien) hatte Caesar gar nicht das Recht, den Feldzug zu beginnen, auch wenn er damit dem Römischen Reich zu einem beträchtlichen Gebietsgewinn verhalf. Und so begründete Caesar seinen Feldzug damit, dass er den Haeduern, einem verbündeten gallischen Volk, zu Hilfe eilen musste, weil die benachbarten Helvetier aus ihren angestammten Siedlungsgebieten nach Westen drängten. Damit war (für Caesar) der Tatbestand eines Angriffs auf Verbündete gegeben, sehr zum Missfallen der römischen Senatoren, die durch Caesars Machtzuwachs ihre eigene Position gefährdet sahen.

Cicero formuliert in *de officiis* einige Leitsätze, die festlegen, unter welchen Umständen überhaupt ein Krieg begonnen werden sollte: „Kriege darf man nur deshalb unternehmen, damit man ohne Ungerechtigkeit in Frieden leben kann“.[2] Für Cicero ist Frieden der Idealzustand. Nur wenn er durch Ungerechtigkeiten gestört wird, darf man zu den Waffen greifen. Und das auch erst dann, wenn alle anderen Möglichkeiten, einen Konflikt beizulegen, ausgeschöpft sind (wie z. B. Verhandlungen).[3] Frieden als Ziel des Krieges ist ein Gedanke, den Cicero auch an anderer Stelle zum Ausdruck bringt: „[Kriege] sollen so unternommen werden, dass nichts anderes als der Friede gesucht scheint."[4]

Die Ideen Ciceros beinhalten im Grunde genommen nichts Neues: Die rituellen Formalitäten vor Kriegsbeginn waren schon seit Langem Tradition – die Römer führten sie auf einen ihrer Könige zurück – und auch die Voraussetzungen für einen gerechten Krieg waren längst im Bewusstsein der Römer verankert. Mit der Betonung des Friedens nimmt Cicero gleichsam die *Pax Romana* vorweg, die römische Weltordnung der Kaiserzeit, die jeden Angriff, jede Bedrohung des Friedens innerhalb der Grenzen des Imperiums als potenzielle Ungerechtigkeit ansieht, gegen die der Kaiser mit seinem Heer einschreiten muss.

Triumph: Göttliche Ehren für den siegreichen Feldherrn

Einen Triumphzug im römischen Sinne kannten die Griechen nicht. Ursache hierfür war die Stellung des Feldherrn, der in erster Linie als Bürger einer Polis, einer staatlichen Gemeinschaft, angesehen wurde und daher eigentlich nur seine Pflicht tat. Siegreiche Strategen, die ihre Position ausnutzen wollten, wurden rasch entmachtet, wie die Beispiele von Miltiades oder Themistokles zeigen (s. S. 18). Erst in den hellenistischen Königreichen wurden dem siegreichen König besondere Ehrungen zuteil: Als Demetrios Poliorketes im Jahr 307 v. Chr. Demetrios von Phaleron, den makedonischen Statthalter in Athen, vertrieb und die Demokratie wiederhergestellt werden konnte, begrüßte ihn die Bevölkerung als Retter und erwies ihm göttliche Ehren.

Auch Attalos I. von Pergamon (241–197 v. Chr.) wurde 201 v. Chr. von den Athenern begeistert empfangen:

> Schließlich beschlossen sie [die Athener] Ehrungen für ihn, wie sie wohl noch keinem der früheren Wohltäter der Stadt zuteilgeworden waren. Neben allem anderen benannten sie eine Phyle [Gemeindeabteilung] nach Attalos und nahmen ihn [damit] unter die Heroen auf, die als Gründer der Stadt den Phylen ihren Namen gegeben haben.
>
> POLYBIOS, *Geschichte* 16, 25

Attalos wurde von den Athenern gewürdigt, weil er als Schützer der Freiheit der Griechen angesehen wurde. Ganz aktuell versprachen sie sich von ihm Beistand im Kampf gegen König Philipp V. von Makedonien. Damit ehrten sie den König nicht nur für seine Taten, sondern wollten sich auch seiner künftigen Unterstützung versichern.

Der römische Triumphzug

Mit Kriegsende kehrte das siegreiche Heer zurück nach Rom, doch bevor es in die Stadt einziehen und sich feiern lassen konnte, musste zunächst einmal abgeklärt werden, ob ihm ein Triumphzug erlaubt wurde. Die Bedingungen dafür waren klar vorgeschrieben: Der Sieg musste in einem „gerechten Krieg" (*bellum iustum*) erfochten sein, also gegen einen äußeren Feind. Alle inneren Kämpfe im Römischen Reich, wie die Niederschlagung eines Volksaufstandes, einer Rebellion von Sklaven oder ein Sieg in einem Bürgerkrieg, durften eigentlich nicht mit einem Triumphzug gefeiert werden. Weiterhin sollte der Feldherr über das volle *imperium* verfügen, die Amtsgewalt, die in der Republik im Normalfall nur die Konsuln und Prätoren besaßen; lediglich ein Diktator, der in Krisenzeiten für maximal sechs Monate gewählt wurde, war ebenfalls mit dem vollen *imperium* ausgestattet. Damit konnten Unterführer wie die Legionslegaten oder Tribunen keinen Triumphzug beantragen. In der Kaiserzeit wurde der Triumphzug dann zum Privileg des Kaisers und seiner Familie. Drittens war die Anzahl der getöteten Feinde zu berücksichtigen, die sich nach Valerius Maximus[1] (1. Hälfte 1. Jahrhundert. n. Chr.) auf mindestens 5000 belaufen sollte.

Wichtig war, dass weder das Heer noch der Feldherr das Stadtgebiet, das *pomerium*, betreten durften, bevor der Senat nicht die Erlaubnis zum Triumphzug gegeben hatte. Bis dahin lagerte man auf dem Marsfeld. Und das konnte dauern.

Endlich war es dann so weit: Die Soldaten formierten sich vor der Stadt, während die Bevölkerung bereits die Straßen säumte, um sich nichts entgehen zu lassen. Den Anfang bildeten sozusagen die „Beweisstücke" für den gewonnenen Krieg: Beute, Gefangene und Triumphalgemälde, auf denen die wichtigsten Ereignisse des Krieges im Bild festgehalten wurden. Keines dieser Gemälde ist erhalten. Um dennoch einen Eindruck zu bekommen, lassen wir Flavius Josephus zu Wort kommen, der den Triumphzug beschreibt, den Vespasian und Titus 71 n. Chr. nach ihrem Sieg über die Juden abhielten:

> Da konnte man sehen, wie gesegnete Landstriche verwüstet wurden, wie sämtliche Schlachtreihen der Feinde dahinsanken; man sah die einen auf der Flucht, die anderen auf dem Weg in die Gefangenschaft, das Zusammenbrechen gewaltig hoher Mauern unter dem Ansturm der Belagerungsmaschinen, die Zerstörung der Widerstandskraft der Festungen und die Einnahme stark bemannter Stadtmauern von oben her. Weiter konnte man sehen, wie sich das Heer in die Stadt ergoss, überall Tod verbreitend; dargestellt waren auch Gruppen wehrloser Menschen, die mit erhobenen Händen um Gnade flehten, Heiligtümer, die man gerade in Brand gesteckt hatte, und Häuser, die über ihren Bewohnern zusammenstürzten.
>
> FLAVIUS JOSEPHUS, *Der Jüdische Krieg* 7, 143–144

Danach kamen die Senatoren und Beamten mit dem Feldherrn in einem Viergespann. Gekleidet war er in purpurne Gewänder, in der Hand hielt er das Adlerzepter. Hinter ihm stand ein Sklave auf dem Wagen, der einen goldenen Kranz über sein Haupt hielt und ihm immer wieder zumurmelte: „Bedenke,

Spottlieder beim Triumphzug

Der Historiker Cassius Dio (um 155–235 n. Chr.) berichtet, dass die Soldaten bei Caesars Triumphzug 46 v. Chr. unter anderem über dessen Verhältnis zu Kleopatra spotteten und eine lange zurückliegende Geschichte auf derbe Weise umdeuteten: 80/79 v. Chr. weilte Caesar auf einer diplomatischen Mission als Gastfreund bei Nikomedes, dem König von Bithynien (Nordwest-Kleinasien). Die Soldaten bezeichneten ihn in diesem Zusammenhang als *pais*, als Lustknaben, und fügten hinzu: „Caesar hat die Gallier versklavt, den Caesar aber Nikomedes."[2]

dass du ein Mensch bist!" Der Sinn dieser Worte wird deutlich, wenn man bedenkt, dass in Rom kein Mensch zu Lebzeiten so sehr einem Gott angeglichen wurde wie der *triumphator*. Den Abschluss des Zuges bildeten Soldaten, die bezeichnenderweise Spottlieder auf den Feldherrn sangen, seine Taten damit also relativierten.

Einen bildlichen Eindruck von einem solchen Triumphzug vermitteln uns die beiden Reliefs im Durchgang des Titusbogens am Forum Romanum, den Domitian (81–96) für seinen verstorbenen Bruder errichten ließ. Der Reliefschmuck nimmt Bezug auf den Triumph über die Juden 71 n. Chr.: Auf dem südlichen Relief sind die Träger mit den Beutestücken aus dem Tempel in Jerusalem dargestellt, dem siebenarmigen Leuchter und den silbernen Trompeten. Gegenüber erscheint Titus in der Triumphalquadriga, umgeben von Gottheiten und Personifikationen: Kein Sklave, sondern die Siegesgöttin Victoria selbst hält ihm den Kranz über den Kopf.

Der Weg des Triumphzuges war festgelegt. Vom Marsfeld kommend, betrat er durch die Porta Triumphalis[3] die Stadt, zog südwärts am Kapitolshügel vorbei bis zum Circus Maximus,

Die Beutestücke aus dem Jüdischen Krieg. Relief am Titusbogen, Rom

der in seiner ganzen Länge durchschritten wurde. Sicher drängten sich auf den Rängen des Circus die meisten Zuschauer, denn hier konnte man den Zug am besten bestaunen. Anschließend wandte sich der Triumphzug wieder nach Norden bis zu der Stelle, an der später der Konstantinsbogen erbaut wurde. Dort schwenkte der Zug nach Westen um, folgte der Via Sacra über das Forum Romanum und erreichte schließlich sein Ziel, den Tempel des Jupiter auf dem Kapitolshügel. Dort wurde ein Opfer dargebracht und der goldene Kranz, den der *triumphator* sozusagen nur ausgeliehen hat, feierlich dem Gott zurückgegeben. Doch zuvor musste man warten, bis die Nachricht vom Tod des feindlichen Feldherrn eintraf, der im Triumphzug mitgeführt worden war und mittlerweile im *Tullianum*, dem Staatsgefängnis, hingerichtet wurde. Denn erst mit dem Tod des Feldherrn war der Krieg wirklich zu Ende.

Hier zeigt sich der rituelle Charakter des Triumphzuges, der nach römischer Überlieferung auf Romulus, den Stadtgründer und ersten König, zurückging: Nach dem Raub der Sabinerinnen musste Romulus im Zweikampf gegen den sabinischen König Acro antreten. Er gelobte, die Waffen seines Gegners Jupiter zu weihen, falls er als Sieger aus dem Kampf hervorgehen würde. Romulus siegte. Was dann geschehen sein soll, erzählt uns der griechische Biograph Plutarch (um 46–120 n. Chr.):

> In dem Wunsch, dem Jupiter das Gelübde in wohlgefälliger Form zu erfüllen und zugleich den Bürgern ein erfreuliches Schauspiel zu bieten, ließ Romulus beim Heere eine mächtige Eiche fällen, ihr die Form eines Siegesmales geben und daran jedes der Waffenstücke Acros nach der Ordnung anbringen und befestigen. Er selbst schürzte sein Gewand, umkränzte sein Haupt bei wallenden Haaren mit Lorbeer, fasste das Siegeszeichen und stemmte es aufrecht gegen die rechte Schulter, und so schritt er einher, ein Siegeslied anstimmend, in welches das in Waffen ihm folgende Heer einstimmte, während die Bürger sie mit freudigem Staunen empfingen. Dieser Aufzug wurde der Ausgangspunkt und das Vorbild der späteren Triumphe.
>
> Plutarch, *Doppelbiographien*, Romulus 16

Nach dem Opfer an Jupiter begann das Fest erst richtig. Für die „Oberen Zehntausend“ wurde ein Bankett veranstaltet, auf das Volk warteten oft mehrtägige Veranstaltungen, beispielsweise im Circus Maximus. Arbeitsfreie Tage wurden ausgerufen, sodass die gesamte Bevölkerung an den Feierlichkeiten teilnehmen konnte.

Spätestens in der Kaiserzeit war aus dem Triumphzug, mit dem ursprünglich nur der siegreiche Feldherr geehrt werden sollte, ein Spektakel geworden, in dem der Kaiser sich und seine

Caesar und Vercingetorix

Vercingetorix gelang es im Jahr 52 v. Chr., große Teile Galliens unter seiner Führung zu vereinigen. Mit seiner „Politik der verbrannten Erde" brachte er die römischen Truppen in Bedrängnis, die sich dadurch auf ihrem Vormarsch nicht verproviantieren konnten. Erst die Einnahme der Stadt Avaricum (heute Bourges),[4] deren Bewohner sich geweigert hatten, ihre Siedlung zu räumen, versorgte die Römer mit dem nötigen Nachschub. Die anschließende Belagerung von Gergovia (heute Gergovie) musste Caesar nach schweren Verlusten aufgeben. Vor Alesia (heute Alise-Sainte-Reine), wohin sich Vercingetorix mit seinen Truppen zurückgezogen hatte, kam es zur Entscheidung: Die Stadt fiel nach langer Belagerung, und Vercingetorix kam in römische Gefangenschaft. Da Caesar jedoch erst seine innenpolitischen Widersacher besiegen musste, bevor er seinen Triumphzug über Gallien abhalten konnte, blieb Vercingetorix bis zu seiner Hinrichtung sechs Jahre im *Tullianum* eingekerkert.

Leistungen zur Schau stellte, natürlich alles zum Wohle des Römischen Reiches. Bereits Pompejus suchte im Jahr 81 v. Chr., seinem Triumphzug eine eigene Note zu geben, indem er statt eines von Pferden gezogenen Viergespannes eine Elefantenquadriga bestieg. Allerdings scheiterte sein Vorhaben an der Breite des Tores, und Pompejus musste auf eine Pferdequadriga umsteigen. Vespasian und Titus führten in ihrem Triumphzug 71 n. Chr. als „Beute" viele exotische Kostbarkeiten mit sich, darunter sogar Tiere. Sicherlich ist nicht nur Flavius Josephus darüber ins Staunen geraten:

Man ist außerstande, die Vielzahl jener Sehenswürdigkeiten und die Pracht aller jener nur erdenklichen Gegenstände nach Gebühr zu schildern, seien es nun Kunstwerke, Luxusgegenstände oder Naturseltenheiten. Fast alles Staunenswerte und Kostbare nämlich, was begüterte Menschen jeweils nur zum Teil in ihren Besitz gebracht hatten und was bei jedem Volke verschiedenartig war, wurde an jenem Tage zusammengetragen, um die Größe des Römischen Reiches zu veranschaulichen.

Flavius Josephus, *Der Jüdische Krieg* 7, 132–133

Der Preis des Krieges

Die Schlacht ist gewonnen, auf dem Feld hat das Sterben ein Ende. Doch die Auswirkungen sind noch lange präsent.

Geldnot:
Finanzielle Engpässe im Krieg

Krieg kostet Geld. Diese Erfahrung mussten vor allem die Unterlegenen machen, die ihre Investitionen nicht durch reiche Beute ausgleichen konnten. Der Trojaner Hektor beschreibt die Situation in seiner Stadt nach zehnjähriger Belagerung:

> Früher haben von der Stadt des Priamos die sterblichen Menschen / Alle gesprochen als reich an Gold, reich an Erz. / Jetzt sind schon ganz geschwunden aus den Häusern die schönen Kleinode, / Und viele der Güter sind schon nach Phrygien und dem lieblichen Maionien / Verkauft dahingegangen, da der große Zeus uns zürnte.
>
> Homer, *Ilias* 18, 288–292, Ü: Wolfgang Schadewaldt

In dieser Passage ist allein von Wertgegenständen die Rede, nicht von Nahrung. Offenbar konnten die Trojaner trotz der Belagerung ihre Äcker bestellen, und die Griechen verwüsteten nicht Jahr für Jahr ihr Land. Mit diesem Problem hatten die Athener im Peloponnesischen Krieg (431–404 v. Chr.) zu kämpfen, als die Spartaner in den ersten Kriegsjahren mehrfach Attika heimsuchten. Doch die Athener betrieben die gleiche Politik: Während die Spartaner noch damit beschäftigt waren, die Ernte zu vernichten, segelte Perikles mit einer Flotte an die Küste der Peloponnes und verwüstete dort die Gebiete mehrerer Städte.

Noch konnten die Athener den Verlust verkraften. Viel empfindlicher traf sie die Niederlage ihrer Truppen vor Syrakus 413 v. Chr., durch die sie einen großen Teil ihrer Krieger einbüßten:

> Kummer über Kummer schmerzte sie, und rings um sie erhoben sich nach dem Geschehenen nichts als Angst, Entsetzen und Bestürzung. Beraubt war jeder Bürger und die ganze Stadt so vieler Gewappneter und Reiter und einer Jugend, wie sie keine zweite mehr vorhanden wussten; dies drückte sie nieder, und dass sie nicht genug Schiffe in den Schiffshäusern sahen, kein Geld im Staatsschatz und keine Mannschaft für die Schiffe, sodass sie in ihrer Lage auf keine Rettung mehr hoffen konnten, wenn jetzt die Feinde aus Sizilien, wie sie meinten, ihnen sofort mit ihrer Flotte gegen den Piräus gefahren kämen.
>
> THUKYDIDES, *Geschichte des Peloponnesischen Kriegs* 8, 1

Doch die Lage wurde noch prekärer: Nach der Besetzung der Festung Dekeleia im selben Jahr durch die Spartaner war Athen von seinen Silberminen in Laurion (Attika) abgeschnitten. Deshalb begann man, die Notreserven anzugreifen: Acht Statuen der Siegesgöttin Nike waren vorsorglich mit Gold behängt worden, das im Ernstfall eingeschmolzen und ausgemünzt werden konnte. Dies geschah im Jahr 407/6 v. Chr.,[1] während im folgenden Jahr Kupfermünzen als Notgeld ausgegeben wurden, die erst einige Zeit nach dem Ende des Krieges wieder eingezogen werden konnten.[2] Im sogenannten Dritten Heiligen Krieg (356–346 v. Chr.) besetzten die Einwohner der Landschaft Phokis Delphi und bezahlten die Söldner in ihren Diensten mit den Schätzen aus dem Heiligtum. Damals wurde auch der goldene Dreifuß eingeschmolzen, der die Schlangensäule bekrönte, das Weihgeschenk der Griechen aus der Beute der Schlacht von Platäa. Nachdem alles von Wert verbraucht war, mussten sich die Phoker geschlagen geben: ohne Geld kein Krieg.

Kriegsfinanzierung in der Antike

Doch nicht nur der Verlierer eines Krieges hatte mit finanziellen Problemen zu kämpfen. Auch der Gewinner musste gewaltige Summen aufbringen, von denen der größte Teil zur Bezahlung der Soldaten aufgewendet wurde. Daher sicherte sich Philipp II. von Makedonien (359–336 v. Chr.) gleich zu Beginn seiner Herrschaft reiche Gold- und Silbervorkommen in Nordgriechenland, aus denen er seine Truppen bei der Unterwerfung Griechenlands bezahlen konnte.

Das war nicht immer so: Ursprünglich mussten die Krieger die Kosten für ihre Ausrüstung selbst aufbringen, nahmen für sich ihren eigenen Proviant mit und hofften auf reiche Beute, mit der sie ihre privaten Ausgaben wieder wettmachen konnten. Als Erste erhielten die Ruderer der athenischen Flotte nach den Perserkriegen von 480/79 v. Chr. Sold ausbezahlt, da sie im Gegensatz zu den Kriegern keine Beute machen konnten. Auch wollte man die „Arbeit“ für die unterste Bevölkerungsschicht, die als Ruderer herangezogen wurden, attraktiver gestalten.

Die Hopliten, die Schwerbewaffneten, bekamen in Athen erst mit dem Beginn des Peloponnesischen Krieges 431 v. Chr. Sold: Der Staat versprach sich einen höheren Gewinn, wenn er die Beute selbst behielt und aus dem Erlös den Sold bezahlte. In anderen Städten dauerte es noch länger, bis Sold eingeführt wurde. Sparta beispielsweise sah sich erst 412 v. Chr. dazu gezwungen, als es mit persischer Unterstützung eine Flotte aufstellte, deren Rudermannschaften aus Söldnern bestanden.

Die griechischen Stadtstaaten finanzierten den Sold aus der Staatskasse, die nicht selten damit überfordert war. In die-

Die athenische Staatskasse 431 v. Chr.

Vor dem Beginn des Peloponnesischen Krieges (431–404 v. Chr.) rechnet der Staatsmann Perikles den Athenern vor, welche finanziellen Ressourcen ihnen zur Verfügung stünden. Dazu gehörten neben den jährlichen Beiträgen der Verbündeten im attisch-delischen Seebund eine große Menge Silbermünzen, der Rest der Perserbeute, goldene und silberne Weihgeschenke sowie Kultgeräte und als letzte Reserve die goldene Kleidung der Athenastatue im Parthenon.

sem Fall war es nötig, zusätzliche Steuern zu erheben, Darlehen aufzunehmen oder reichen Bürgern der Stadt besondere Verpflichtungen wie die Trierarchien (s. S. 70) aufzuerlegen. Im Notfall mussten Weihgeschenke eingeschmolzen oder Beutestücke von den Feldherrn direkt verkauft werden, um eine Meuterei unter den Soldaten zu verhindern. Besonders prekär wurde die Lage, wenn Söldner nicht bezahlt werden konnten: Da sie keine Loyalität an ihren Auftraggeber band, konnten sie ihn im besten Falle im Stich lassen, sich im schlimmsten Falle aber auch gegen ihn wenden und sich ihre Bezahlung mit Gewalt holen.

Finanzkrisen bei den Römern

Die Römer gerieten mehrfach in finanzielle Schwierigkeiten. Im Zweiten Punischen Krieg (218–201 v. Chr.) brach ihr altes, unpraktisches Währungssystem zusammen, das auf einem bronzenen As mit dem Gewicht von einem römischen Pfund bzw. zwölf Unzen (327,45 g) fußte.[3] Im Laufe des Krieges musste das Gewicht immer weiter reduziert werden, bis das As schließlich nur noch zwei Unzen wog. Zwischenzeitlich behalf man sich mit verschiedenen Notmaßnahmen, wie einem Darlehen, das bei König Hieron von Syrakus aufgenommen wurde, Anleihen bei den römischen Bürgern sowie der Verdopplung der Tributzahlungen. Erst die Einführung des Silberdenars vor 211 v. Chr., mit der ein komplexes System verschiedener Gold-, Silber- und Bronzemünzen verbunden war, konnte die Währung langsam wieder stabilisieren.

In der Mitte des 3. Jahrhunderts n. Chr. sah sich der regierende Kaiser Gallienus (253–268 n. Chr.) mit einer Vielzahl innerer und äußerer Feinde konfrontiert. Vorangegangen war die Gefangennahme seines Vaters, Valerian I., durch den König der persischen Sasaniden 259/60 n. Chr. Eine ungeheuerliche Situation: ein römischer Kaiser, der eigentlich immer siegreich sein sollte, als Kriegsgefangener. Gallienus musste nun nicht nur gegen die Alamannen im Norden und die Sasaniden im Osten kämpfen, sondern auch gegen verschiedene Heerführer, die von ihren Truppen zum Gegenkaiser ausgerufen worden waren. In dieser Lage benötigte Gallienus viel Geld, um seine Legionen, die ihm treu geblieben waren, zu beschenken, damit sie nicht zu einem der Usurpatoren überliefen. Er behalf sich damit, den Silbergehalt der Münzen zu reduzieren und gleichzeitig das Gewicht der Goldstücke herabzusetzen. Sein Nachfolger setzte die Prägung minderwertiger Silbermünzen fort, da er ebenfalls viel Geld brauchte, um einen massiven Einfall der Goten auf dem Balkan zurückzuschlagen. Nur bei den Goldmünzen kehrte er wieder zum ursprünglichen Gewicht zurück, wahrscheinlich auf Drängen der Offiziere, die in Gold bezahlt wurden. Erst Kaiser Aurelian (270–275 n. Chr.) konnte mit einer Münzreform das Vertrauen in die Währung wiederherstellen.

Beute und Plünderung: Das Schicksal der Besiegten

Eine wesentliche Motivation für einen Angriffskrieg war seit jeher die Aussicht auf reiche Beute. Da jeder Soldat seinen Anteil am Gewinn erhielt, zog das Heer begeistert ins Feld und gab sein Bestes, um den Sieg zu erringen. Auch die Feldherren profitierten in hohem Maße: Caesar beispielsweise hatte sich in gewaltige Unkosten gestürzt, um seine Karriere voranzutreiben. 62 v. Chr. wurde er Prätor und erreichte 59 v. Chr. mit dem Konsulat auch das höchste Staatsamt. In beiden Fällen erhielt er – wie es üblich war – im darauffolgenden Jahr die Statthalterschaft über eine Provinz. Im Jahr 61 v. Chr. hätten seine Gläubiger die Abreise nach Spanien fast verhindert, doch eine Bürgschaft des reichsten Mannes Roms, Crassus, konnte die Klagen vorläufig abwenden. Durch einen siegreichen Feldzug gegen Lusitanien (Portugal) gelang es Caesar, genügend Beute zu machen, um seine Schulden bezahlen zu können. 58 v. Chr. wurde er Prokonsul dreier Provinzen, darunter auch der Gallia Cisalpina (Norditalien von der Riviera bis zur Adria), die er als Ausgangspunkt für die Eroberung Galliens nutzte. Und so wurde Gallien eigentlich nur durch den Ehrgeiz und die finanziellen Probleme Caesars Teil des Römischen Reiches. Seine Soldaten waren ihm treu ergeben – kein Wunder, wenn man bedenkt, welch reiche Beute sie unter seinem Kommando machten.

Caesar war natürlich nicht der Einzige, der mit der Beute spekulierte. Marcus Porcius Cato (234–149 v. Chr.) prangert in seiner 168 v. Chr. gehaltenen *Rede für die Rhodier* eine Reihe von Senatoren an, weil sie nach Catos Ansicht grundlos Rhodos, einer bedeutenden Handelsstadt, den Krieg erklären wollten, nur um sich an der Beute zu bereichern. Auch der Eroberungszug Alexanders des Großen war im Grunde genommen ein riesiger Beutezug, der Alexander und seinen Feldherren unermesslichen Reichtum einbrachte, auch wenn vordergründig das Kriegsziel darin bestand, den „Erbfeind" Persien in die Knie zu zwingen.

Beutestücke

Beute – das konnte im Grunde genommen alles sein, was für den Sieger einen Wert besaß: Geld, Schmuck, Gewänder, Mobiliar, landwirtschaftliche Güter wie Getreide und Vieh, Waffen, die als Trophäen angesehen wurden oder zur Aufrüstung der eigenen Armee dienten – hierzu gehörten besonders Belagerungsmaschinen oder Schiffe –, und natürlich Menschen. Das gesamte Beutegut konnte entweder direkt an Händler verkauft werden, die dem Heer folgten, weil sie auf lukrative Geschäfte hofften, oder aber nach dem Feldzug in der Heimat zu Geld gemacht werden.

In Griechenland floss der Ertrag ursprünglich in die Staatskasse, später, unter den hellenistischen Königen (3.–1. Jh. v. Chr.), erhielten ihn zunächst die Herrscher, die den Gewinn nach eigenem Ermessen verteilten. Unter Bundesgenossen wurde vor dem Krieg genau festgelegt, welchen Anteil von der Beute jeder bekommen sollte. Dabei spielten politische Erwägungen eine wichtige Rolle, wie die Rede des jüngeren Kyros[1] an seine Offiziere zeigt:

> Ich bin dafür, die Verteilung des Geldes den Medern, den Hyrkaniern und Tigranes zu überlassen, sobald sie eintreffen, und selbst wenn sie uns einen geringeren Anteil zukommen lassen, sollten wir dies für einen Gewinn halten. Denn wenn sie einen Vorteil davon haben, werden sie lieber bei uns bleiben.
>
> XENOPHON, *Kyrupädie* 4, 2, 43

Im Allgemeinen wurde ein bestimmter Anteil, oft ein Zehntel, in Form eines Weihgeschenkes einer Gottheit dargebracht. Je nach den finanziellen Möglichkeiten konnte ein solches Weihgeschenk beispielsweise aus einem bronzenen Dreifuß, einer Statue oder einer ganzen Statuengruppe bestehen. Der griechische Schriftsteller Pausanias (2. Hälfte 2. Jahrhundert n. Chr.) zählt in seiner *Beschreibung von Griechenland* viele Weihgeschenke auf, besonders in den beiden größten Heiligtümern Olympia und Delphi. So unter anderem auch eine Weihung der Stadt Argos auf der Peloponnes an das Apollonheiligtum in Delphi:

> Auf der Basis [...] steht eine Inschrift, dass die Statuen aus dem Zehnten der Schlacht von Marathon aufgestellt seien; es sind dies Athena und Apollon und von den damaligen Feldherren Miltiades; von den sogenannten eponymen Heroen Erechtheus und Kekrops[2] [...] Die Aufgezählten schuf Pheidias[3], und diese sind auch wirklich der Zehnte aus der Schlacht.
>
> PAUSANIAS, *Beschreibung von Griechenland* 10, 10, 1

Auch dem Feldherrn war ein größerer Anteil an der Beute sicher. Der Rest des erbeuteten Gutes wurde hingegen zur Besoldung der Soldaten und für militärische Auszeichnungen verwendet, soweit er nicht dem öffentlichen Haushalt zugutekam.

Plünderungen

Die Plünderung eines eroberten Landes, einer eroberten Stadt war durchaus nicht immer mit unsäglichen Grausamkeiten verbunden, die von den Siegern an der Zivilbevölkerung verübt wurden. Die Römer hatten wie in allen militärischen Dingen auch für eine Plünderung genaue Vorschriften aufgestellt. Wie dies im 2. Jahrhundert v. Chr. ablief, schildert uns Polybios.[4] Die Plünderung wurde von eigens dafür ausgewählten Soldaten vorgenommen. Anschließend wurde die gesamte Beute verkauft und der Gewinn gleichmäßig verteilt. Alles, was die Soldaten übrig gelassen hatten, fiel an den Feldherrn. Das unbewegliche Gut, Land und Gebäude, wurde Staatseigentum.

Sicher wurden diese Vorschriften manches Mal übertreten oder lässiger gehandhabt. Aus der Zeit der Gotenkriege des Claudius Gothicus (268–269) überliefert uns die *Historia Augusta* folgende Anekdote:

> Zu der Zeit der Erringung des vollständigen Sieges haben sich viele Soldaten des Claudius im Überschwang des Glückes, das auch den Verstand der Verständigen lähmt, dermaßen aufs Beutemachen verlegt, dass sie nicht bedachten, dass sie von einer Handvoll Leute in die Flucht geschlagen werden konnten, während sie mit Leib und Seele sich der Wegschaffung der Beute widmeten. So kam es, dass mitten im Sieg fast zweitausend Soldaten von einigen wenigen Barbaren, die bereits die Flucht ergriffen hatten, getötet wurden.
>
> *Historia Augusta*, divus Claudius 11, 6–7

Mag die Geschichte übertrieben oder sogar erfunden sein, sie macht anschaulich, welche Bedeutung Plünderungen für die Soldaten besaßen, dass sie darüber sogar ihre eigene Sicherheit außer Acht ließen.

Im krassen Gegensatz zu der Disziplin, mit der die römischen Soldaten zumindest der Vorschrift nach ihre Beute zusammentrugen, stehen die Raubzüge der homerischen Helden, die an verschiedenen Stellen in der *Ilias* und der *Odyssee* damit prahlen, wie viele Überfälle sie erfolgreich durchgeführt haben:

> Und Beute trieben wir zusammen vom Feld, reichliche, viele: / Fünfzig Herden von Rindern, ebenso viele Haufen von Schafen, / Ebenso viele Schweineherden, ebenso viele Herden verstreuter Ziegen, / Und falbe Pferde hundert und fünfzig, / Alles weibliche, und unter vielen standen Fohlen. / Die trieben wir alle hinein in das Neleische Pylos.
>
> Homer, *Ilias* 11, 677–682, Ü: Wolfgang Schadewaldt

Bei Homer gewinnt man den Eindruck, dass eine der Lieblingsbeschäftigungen seiner Helden darin bestanden hat, die Nachbarn zu überfallen und ihr Vieh zu stehlen, wobei diese Aktionen nicht ohne Blutvergießen abliefen.

Das Vieh und der Ertrag der Felder waren im Kriegsfall überhaupt gefährdet, nicht nur durch plündernde Soldaten. Selbst wenn ein Heer lediglich auf dem Durchzug war, brauchte es Nahrung, und die holte es sich aus dem umliegenden Land. Zurück blieb eine Schneise der Verwüstung.

Das Schicksal der Besiegten

Zur Beute zählten auch die gefangenen Soldaten des Feindes und die Zivilbevölkerung des besiegten Landes. Die Angehörigen der Zivilbevölkerung wurden vertrieben bzw. deportiert, als Sklaven verkauft oder mussten dem Gemeinwesen des Siegers als Staatssklaven dienen. Dem Sieger fiel auch ihr verwaistes Land zu, das dieser beispielsweise an seine Veteranen verteilen konnte. Der Begriff „Kriegsgefangene“ war bei den

Griechen nicht genauer definiert. Sie gehörten zum Beutegut des Siegers, der mit ihnen machen konnte, was er wollte. Bei der Entscheidung, was mit ihnen geschehen sollte, spielte die Überlegung eine wichtige Rolle, dass es sich um wehrfähige Männer handelte, die nicht einfach freigelassen werden konnten, ohne dass man befürchten musste, sie würden früher oder später wieder zu den Waffen greifen. Daher wurden Kriegsgefangene meist getötet, als Sklaven verkauft oder mussten ihr Leben als Zwangsarbeiter fristen. Kam es jedoch zu einem Friedensvertrag, bestand für sie die Hoffnung, freigelassen zu werden, häufig nach Zahlung eines Lösegeldes. Es gab auch die Möglichkeit eines Gefangenenaustausches. Und schließlich konnten die Kriegsgefangenen in das eigene Heer übernommen werden, vor allem Söldner, die nicht aus Überzeugung, sondern nur des Geldes wegen gekämpft hatten.

Das Schicksal der Kriegsgefangenen hing in erster Linie davon ab, ob sie für den Sieger lebend von Nutzen waren. Gerade in längeren Kriegen, an denen mehr als zwei Städte oder Länder beteiligt waren, wurde mit den Unterlegenen häufig kurzer Prozess gemacht: Die männliche Bevölkerung wurde hingerichtet, während Frauen und Kinder in die Sklaverei gingen. Einerseits konnte so ein Exempel statuiert werden: als Warnung an alle anderen Kriegsgegner, andererseits glaubte man, auf diese Weise sicher sein zu können, dass sich der einmal besiegte Feind nicht wieder von der Niederlage erholen würde. Ganz abgesehen davon, dass man die vielen Gefangenen kaum hätte ernähren können.

Vor allem der Peloponnesische Krieg (431–404 v. Chr.) bildet in dieser Hinsicht einen traurigen Höhepunkt in der Geschichte Griechenlands. Damals wurden von Athenern wie Spartanern viele Städte ausgelöscht. Im Sommer 427 v. Chr. beispielsweise traf Platää dieses Schicksal, nachdem die Einwohner der Belagerung durch die Spartaner vor Hunger nicht mehr standhalten konnten und sich ergaben.

> So brachten sie [die Spartaner] von den Platäern selbst mindestens zweihundert um, von Athenern fünfundzwanzig, die mit belagert waren; die Frauen verkauften sie als Sklavinnen. Die Stadt gaben sie für etwa ein Jahr Männern aus Megara zu bewohnen, die wegen Parteikämpfen heimatlos waren, und den überlebenden Platäern, die auf ihrer Seite gestanden hatten; später aber rissen sie sie ganz nieder bis auf den Erdboden und bauten aus den Grundsteinen beim Heratempel eine Herberge von zweihundert Fuß im Geviert.
> THUKYDIDES, *Geschichte des Peloponnesischen Kriegs* 3, 68

Eine der größten Katastrophen des Peloponnesischen Krieges war die Sizilische Expedition Athens in den Jahren 415–413 v. Chr. Der Stratege Alkibiádes, ein Neffe des Perikles, hatte sich dafür ausgesprochen, den Einwohnern von Segesta (Sizilien) auf ihre Bitte hin zu Hilfe zu eilen, um ihnen gegen Syrakus und Selinus beizustehen. Die Hilfsbereitschaft der Athener hatten einen machtpolitischen Hintergrund: Sie hofften, mit dieser Expedition in Sizilien Einfluss zu gewinnen und damit ihren Kriegsgegner Sparta nach langen Kriegsjahren endlich in die Knie zwingen zu können. Alkibiades wurde jedoch wegen eines Skandals von seinem Kommando abberufen, in Athen in Abwesenheit zum Tode verurteilt und floh nach Sparta, wo man gern auf seine Ratschläge hörte und nun ebenfalls ein Heer nach Sizilien schickte. Vor Syrakus kam es zur Niederlage der Athener; auf die Überlebenden wartete ein besonders hartes Schicksal unter schlimmsten Bedingungen: Sie mussten als Kriegsgefangene in den Steinbrüchen von Syrakus arbeiten. Nach Thukydides waren nicht weniger als 7000 Soldaten in Gefangenschaft geraten.

> In eingeschnittenem und engem Raum viele, litten sie anfangs noch unter der Sonne und der Hitze, wegen des Schattenlosen, und die darauffolgenden kalten Herbstnächte mit ihrem jähen Umschlag brachten Krankheiten, und da sie wegen der Enge alles am gleichen Ort taten und außerdem die Toten ebendort übereinander geschichtet wurden, die an den Wunden und dem Umschwung und dergleichen gestorben waren, so waren die Gerüche unerträglich, und zugleich quälten sie Hunger und Durst.
>
> Thukydides, *Geschichte des Peloponnesischen Kriegs* 7, 87

Kriegsgefangene im Römischen Reich

Im römischen Recht war der Status eines in Kriegsgefangenschaft geratenen Römers genau festgelegt: Da es (nicht nur bei den Römern) als Schande galt, vom Feind gefangen genommen zu werden, anstatt in der Schlacht zu fallen, wurde er von allen verachtet und galt juristisch als Toter. Gelang es ihm jedoch zu entkommen, erhielt er seine Rechte zurück.

Die Römer selbst machten auf ihren zahlreichen Feldzügen viele Kriegsgefangene, die als Beute häufig direkt nach der Schlacht an mitgereiste Händler verkauft wurden. Die starke Expansionspolitik Roms ab dem 3. Jahrhundert v. Chr. führte dazu, dass Sklaven Massenware wurden und damit billig zu bekommen waren. Nach Livius sollen beispielsweise 167 v. Chr. in Epirus (Nordwestgriechenland) 150 000 Menschen versklavt worden sein.[5] Viele gelangten in den Besitz reicher Römer, die damit in der Lage waren, ihre Güter von Sklaven unterhalten zu lassen. Mit der Fülle billiger Arbeitskräfte konnten sie sogar die vernachlässigten Grundstücke der Kleinbauern, die oft wegen der zahlreichen Kriege allzu lange Militärdienst leisten muss-

Der Sklavenaufstand unter Spartakus (73–71 v. Chr.)

Spartakus kam aus Thrakien und gelangte in die berühmte Gladiatorenschule von Capua. Zusammen mit einigen Gefährten floh er und scharte andere Sklaven, die auf den umliegenden Gütern arbeiteten, um sich. Am Vesuv konnte er ein starkes römisches Kontingent abwehren und erhielt durch diesen Erfolg immer größeren Zulauf. Trotz seines gut organisierten Heeres, das auf 40 000 bis 120 000 Mann geschätzt wird, unterlag Spartakus schließlich Marcus Licinius Crassus, der entlang der Via Appia, der Straße von Rom nach Brindisi, 6000 gefangene Sklaven kreuzigen ließ: die übliche Strafe für einen entlaufenen Sklaven. Spartakus selbst blieb dieses Schicksal erspart, er fiel im Kampf.

ten, aufkaufen und gewinnbringend bewirtschaften. So trug Roms machtpolitischer Aufschwung zum Niedergang einer ganzen Gesellschaftsschicht bei.

Damals kam es auch zu den großen Sklavenaufständen, unter denen der des Spartakus am bekanntesten ist. Natürlich wurden die Sklaven zu allen Zeiten von ihren Besitzern nicht immer gut behandelt, vor allem, wenn es einen ständigen großen Nachschub gab, sodass ein toter Sklave leicht ersetzt werden konnte. Dennoch begünstigte die spezielle Situation im 2. und 1. Jahrhundert v. Chr. den Ausbruch großer Aufstände: In Unteritalien und Sizilien gab es riesige Landgüter, auf denen vor allem Sklaven eingesetzt wurden, die seit dem Ende des Zweiten Punischen Krieges (201 v. Chr.) aus dem Osten nach Italien gelangt waren. Die Sklaven, die auf den Gütern arbeiteten, stammten also aus demselben Kulturkreis, waren nicht aus den verschiedensten Ländern zusammengekommen. Zudem waren die vielen Viehhirten relativ unabhängig: Sie streiften mit ihren Herden durch das Bergland, waren oft lange von den Höfen abwesend und hatten sich zum Schutz vor Räubern und wilden Tieren bewaffnet. Aus ihnen bildeten sich zunächst Banden, später vereinigten sie sich und konnten sogar einige Städte erobern, vor allem, da die Römer die Bedrohung stets stark unterschätzten.

In der Kaiserzeit nahm der Zustrom an Sklaven rapide ab, da nur noch wenige Eroberungskriege geführt wurden. In den Handel gelangten lediglich Sklaven, die von ihren Besitzern verkauft wurden, oder aus den Gebieten jenseits der Grenzen des Römischen Reichs. In dieser Situation wurden von den Kaisern immer wieder Gesetze erlassen, die eine allzu grausame Behandlung von Sklaven untersagten, denn Sklaven waren wieder zu einem wertvollen Gut geworden.

Sklaven waren zu allen Zeiten völlig von ihren Herren abhängig und besaßen keine Rechte. Ihr Besitzer konnte sie weiterverkaufen, ausleihen, verpfänden und ihnen sogar Gewalt antun. Eingesetzt wurden sie je nach ihren Fähigkeiten, am häufigsten im Haushalt und in Betrieben. Vor allem wurden sie zu Tätigkeiten gedrängt, die von freien Bürgern als unehrenhaft angesehen wurden. So setzte man in Athen skythische Sklaven als eine Art Polizei ein, in Rom wurden Sklaven gern als Gladiatoren ausgebildet.

Einige Sklaven erreichten durchaus eine gewisse Stellung, beispielsweise als Amme oder Hauslehrer. Als Arbeiter in einem Betrieb konnten sie sich das Vertrauen ihres Herrn erwerben und mit besonderen Aufgaben betreut werden. Ein guter Gladiator erwarb sich Ruhm, wurde vielleicht sogar zum „Liebling der Massen“, sah jedoch bei jedem Kampf dem Tod ins Auge.

Sozusagen als Belohnung für gute Dienste konnte ein Sklave freigelassen werden, eine Verpflichtung dazu bestand jedoch nicht. Auch ein Freikauf war möglich, wenn ein Sklave genügend Geld gespart hatte. Dies setzte allerdings voraus, dass sein Herr ihm eigenen Besitz zugestand. Damit erreichte er jedoch nicht den Status eines Vollbürgers; außerdem blieb er sein Leben lang seinem ehemaligen Herrn verpflichtet. Erst den Nachkommen der Freigelassenen war es in Rom erlaubt, für ein Amt zu kandidieren.

Siegesdenkmäler: Dauerhafte Zeugen vergangenen Ruhmes

Triumphzug und Siegesfeier sind vorübergehende Ereignisse, auch wenn sich die Menschen sicher noch lange an den glänzenden Triumphzug von Vespasian und Titus erinnert haben. Damit ein Sieg garantiert nicht in Vergessenheit geriet, wurden Siegesdenkmäler an öffentlichen Plätzen errichtet, die nicht nur der Nachwelt den Ruhm überlieferten, den eine Stadt oder ein Herrscher errungen hatte, sondern zugleich auch Propagandafunktion besaßen.

Das eigentliche Siegesmal wurde mitten auf dem Schlachtfeld errichtet, an der Stelle, an der sich der Feind zur Flucht gewandt hatte. Daher auch sein Name *trópaion* (lateinisch *tropaeum*), abgeleitet vom griechischen Wort für „umwenden". Es bestand aus einem Baumstumpf, an den die erbeuteten Waffen gehängt wurden. Das *tropaion* markierte einen heiligen Ort, an dem auch geopfert wurde, denn nach antiker Vorstellung ging der Sieg auf die Götter, besonders den Kriegsgott Ares (lateinisch Mars) zurück. Zusammen mit der Siegesgöttin Nike (lateinisch Victoria) wurde das *tropaion* in der gesamten griechisch-römischen Welt zum Symbol für den Sieg und erschien häufig auf bildlichen Darstellungen.

Ein solches *tropaion* soll bereits Romulus nach seinem Sieg über den Sabinerkönig Acro errichtet haben (s. S. 124), doch Romulus gehört in den Bereich der Mythologie und sein *tropaion* wird der Legende später hinzugedichtet worden sein. In der antiken Überlieferung gilt das *tropaion*, das nach der Schlacht bei Marathon im Jahr 490 v. Chr. aufgestellt wurde, als das älteste. Die Römer übernahmen diesen Brauch erst viel später: Das früheste bekannte römische *tropaeum* stammt aus dem Jahr 121 v. Chr.

Tropaion. Messing-Dupondius des Trajan, 103–111 n. Chr.

Im Gegensatz zu den *tropaia* wurden Siegesmonumente nachträglich erbaut, häufig an viel besuchten Orten, beispielsweise in einem Heiligtum oder im Herzen einer Stadt. Dabei konnte das Siegesmonument durchaus die Form eines *tropaion* haben wie beispielsweise das bronzene Siegesmal, das Pausanias im heiligen Bezirk von Olympia gesehen hat.[1] In diesem Fall ist das Siegesmonument zugleich eine Weihung, wahrscheinlich aus dem Zehnten der Kriegsbeute. Damit löste die siegreiche Stadt Elaia (Kleinasien) ihre Verpflichtung gegenüber den Göttern ein und konnte sich selbst ein Denkmal setzen.

Im Gegensatz zu anderen Siegesmonumenten, die in Heiligtümern geweiht wurden, nimmt sich das *tropaion* von Elaia geradezu bescheiden aus. So hatte die Stadt Argos auf der Peloponnes eine ganze Statuengruppe aus 16 Figuren in Delphi aufgestellt. Dargestellt waren die *Sieben gegen Theben* und die *Epigonen*[2] als Hinweis darauf, dass die Weihung aus der Kriegsbeute eines Sieges stammt, den die Argiver 456 v. Chr. zusammen mit athenischen Hilfstruppen gegen Sparta und das verbündete Theben errungen hatten. In Argos selbst stand eine entsprechende Statuengruppe, wie Pausanias berichtet.[3]

Die Liste der Weihungen von Siegesmonumenten ist endlos. Zu den berühmtesten gehört die Schlangensäule von Delphi, deren Überreste heute auf dem Hippodrom in Istanbul zu besichtigen sind. Ursprünglich bestand sie aus einem goldenen Dreifuß, der von drei bronzenen Schlangen getragen wurde, die so miteinander verschlungen waren, dass sie eine Säule bildeten. Finanziert wurde sie aus dem Zehnten der Beute aus der Schlacht von Platää 479 v. Chr. Der siegreiche Feldherr, der Spartanerkönig Pausanias, hatte sich in der Inschrift selbst verewigt, was einigen Unmut hervorrief, nicht nur auf der Seite der übrigen Bundesgenossen:

> [...] dass er auf den Dreifuß in Delphi, das Weihgeschenk der Hellenen aus der Perserbeute, selber von sich aus gut befunden hatte zu schreiben: „Fürst der Hellenen im Feld, da er Persiens Scharen vernichtet, / Stellt Pausanias dies Denkmal, Apollo, dir auf." Diesen Zweizeiler hatten die Spartaner gleich damals von dem Dreifuß weggefeilt und dafür die Namen aller Städte aufgeschrieben, die zusammen den Barbaren geschlagen und das Weihgeschenk errichtet hatten.
>
> Thukydides 1, 132

Die Geschichte zeigt, warum Siegesmonumente von und für Einzelpersonen erst später, unter den hellenistischen Königen (3.–1. Jahrhundert v. Chr.) und in der römischen Kaiserzeit, aufkommen konnten: Die Polis-Gesellschaft der archaischen und klassischen Zeit (7.–4. Jahrhundert v. Chr.) gestattete selbst verdienten Feldherren nicht, durch Denkmäler geehrt zu werden.

Ein gutes Beispiel für Siegesmonumente im Hellenismus bildet das Ensemble im Heiligtum der Athena auf dem Burgberg von Pergamon, errichtet unter Attalos I. (241–197 v. Chr.), Eumenes II. (197–159 v. Chr.) und Attalos II. (159–138 v. Chr.). Von einem dieser Denkmäler, dem sogenannten Schlachten-

Die Sieben gegen Theben und die Epigonen

Eteoklés und Polyneíkes, die Söhne des Ödipus, herrschten über Theben. Als es zwischen den Brüdern zu einem Zerwürfnis kam, ging Polyneikes nach Argos und scharte dort sechs berühmte Helden um sich, mit denen er gegen Theben zog. Unter ihnen war auch der Seher Amphiáraos, der den schlechten Ausgang des Feldzugs voraussah: Vor Theben töteten sich die Brüder im Kampf und keiner der Sieben kehrte zurück. Zehn Jahre später nahmen die Söhne der Sieben (die *Epigonen*, d. h. Nachkommen) Rache an den Thebanern, eroberten die Stadt und vertrieben die Einwohner.

anathem Attalos' I., war bereits im Kapitel „Propaganda" die Rede. Wolfgang Radt spricht von einer „Repräsentations- und Selbstdarstellungspolitik, die Pergamon als Vorkämpfer für die griechische Freiheit gegen die Barbaren zeigen sollte".[4]

Das Gleiche gilt in besonderem Maße für Rom: Hier konnten Verdienste im Krieg bereits in der Republik mit einer Reiterstatue belohnt werden. Der Überlieferung nach[5] erhielt sogar eine Frau wegen ihrer Tapferkeit eine solche Ehrung: Cloelia, die 508 v. Chr. als Geisel bei dem Etruskerkönig Porsenna gefangen gehalten wurde. Ihr gelang jedoch die Flucht und sie kehrte mit einer Gruppe weiterer Frauen nach Rom zurück.

Das kaiserzeitliche Rom hat damals wie heute die Menschen mit seiner Fülle an Baudenkmälern beeindruckt, von denen viele direkt auf einen Sieg Bezug nehmen und damit der Selbstdarstellung des Kaisers dienen. Doch sie stehen ebenso für die römischen Tugenden, die nicht nur als Grundlage für eine erfolgreiche Außenpolitik galten, sondern auch als Basis der Gesellschaft angesehen wurden.

Da wären in erster Linie die Triumphbögen, die stets anlässlich eines siegreichen Feldzuges errichtet wurden, allerdings zum Triumph sicher noch nicht fertiggestellt waren.[6] Der Titusbogen erinnert an den Sieg über die Juden 71 n. Chr., der Severusbogen an den Partherkrieg 197–198 n. Chr., der Konstantinsbogen schließlich an die Schlacht gegen Maxentius bei der Milvischen Brücke vor den Toren Roms 312 n. Chr. Die beiden Säulen, die Trajanssäule und die Mark-Aurels-Säule, erzählen in ihren spiralförmig umlaufenden Friesen von den Kriegen 101–102 und 105–106 n. Chr., die zur Annexion Dakiens geführt hatten (dem heutigen Rumänien) bzw. von den langwierigen Kämpfen gegen die Markomannen und Sarmaten (heute Tschechien und Slowakei) 172–175 n. Chr.

Auch außerhalb Roms wiesen die Römer mit Siegesmonumenten auf ihre Überlegenheit hin: Oberhalb von Monte Carlo bei La Turbie steht das *Tropaeum Alpium*, mit dem Augustus im Jahr 7/6 v. Chr. die gerade unterworfenen Alpenstämme an die Dominanz der Römer erinnern wollte. Der Bau besteht aus einem quadratischen Sockel, über dem sich ein mit Säulen umstandener Rundbau erhebt; auf dem kegelförmigen Dach stand die Statue des Kaisers. Eine Inschrift zählte alle besiegten Stämme auf. Ein ähnliches Denkmal, das *Tropaeum Traiani*, ließ Trajan 109 n. Chr. bei Adamklisi in Dakien errichten. Hier zeigen Reliefs am Sockel Kriegsszenen und gefangene Daker.

Frieden: Innere Sicherheit und Wohlstand

Nach antiker griechischer Vorstellung, die uns Hesiod überliefert, war der Frieden (Eiréne) eine der Töchter des Göttervaters Zeus (dem Hüter der Ordnung) und der Themis, der Personifikation der göttlichen Ordnung. Ihre Schwestern hießen Eunomía (die Wohlgesetzlichkeit) und Díke (das irdische Recht).[1] Zusammen bildeten sie den Dreiverein der Horen (Jahreszeiten).[2] Frieden, gesetzliche Ordnung und gerechte Rechtsprechung galten damit als Grundlage der Gesellschaft, indem sie alle Dinge gedeihen ließen. Eirene gab den Menschen Reichtum, weshalb sie häufig mit dem Plútos-Knaben, dem personifizierten Reichtum, verbunden wurde. Eunomia ist die Friedenshüterin; an sie erinnerte man sich besonders in Kriegszeiten. Dike wiederum ist die Mutter der Hesychía, der innerstaatlichen Ruhe.

Kultische Verehrung erfuhr Eirene erst seit dem Friedensschluss zwischen Athen und Sparta im Jahr 371 v. Chr. Damals wurde auf der Agorá von Athen eine Statue der Eirene mit dem Plutos-Knaben auf dem Arm aufgestellt, die der berühmte Bildhauer Kephisodot geschaffen hatte.

Das zeigt, wie sehr bereits den Griechen bewusst war, dass eine florierende Wirtschaft von Frieden, Recht und Ordnung entscheidend abhängig war, ein Prinzip, das in der römischen Kaiserzeit zum politischen Programm wurde und unter dem

Begriff *Pax Romana* (der römische Frieden) in die Geschichte eingehen sollte.

Auch die Römer besaßen eine Personifikation des Friedens, die göttliche Ehren genoss. Im Gegensatz zu den Griechen gehörte Pax allerdings nicht zu einem Götterverein, sondern stand für sich allein und hat daher mit der griechischen Eirene im Grunde genommen nichts gemeinsam.

Janus – Gott der Anfänge und Durchgänge

Die Darstellungen des Janus zeigen den Gott mit zwei Gesichtern, damit leitet er gleichsam von einer Richtung in die andere. Im Mythos gilt er als Urkönig von Latium, der Landschaft, in der Rom liegt. Indem er Saturn, den Gott des Ackerbaus, als Gast aufnimmt, führt er die Zivilisation in Latium ein, auf der Roms Größe basiert. Damit steht er am Anfang von Roms Geschichte. Auch das Kalenderjahr beginnt mit ihm: Der Monatsname Januar ist von Janus abgeleitet.

In dem Kultbau am Forum Romanum, der eigentlich nur ein Torbau mit Türen an beiden Seiten war, befand sich eine über zwei Meter hohe Bronzestatue des Gottes, die als eine der ältesten Statuen Roms angesehen wurde. Archäologische Reste des Kultbaus wurden bisher nicht gefunden, sein Aussehen ist nur von Münzen des Nero (54–68 n. Chr.) bekannt.

Pax war eine der Symbolfiguren der Regierungszeit des Augustus (27 v.-14 n. Chr.). In der Seeschlacht bei Actium 31 v. Chr. besiegte Octavian, der spätere Augustus, seinen letzten innenpolitischen Gegner und beendete damit den Bürgerkrieg. Im ganzen Reich, das fast den gesamten Mittelmeerraum umfasste, herrschte endlich Ruhe und Frieden. Das bedeutete innere Stabilität, die Grundlage für wirtschaftliches Wohlergehen, und das nach Jahrzehnten innerer Machtkämpfe, die

Frieden und Reichtum: Statue der Eirene mit dem Plutos-Knaben, um 370 v. Chr.

schließlich in einen beinahe 20 Jahre dauernden Bürgerkrieg mündeten. Die Römer waren kriegsmüde. Augustus, der Meister der Propaganda, nutzte die Situation und erhob die *Pax Augusta* zum Programm. Zuerst ließ er die Türen des altehrwürdigen Janusschreins[3] schließen, was nur bei „Frieden des römischen Volkes zu Lande und zur See“[4] geschehen durfte. Dieser Brauch soll der Überlieferung nach auf einen der Könige Roms zurückgehen und ist erstmals für das Jahr 235 v. Chr. belegt. Allerdings wurden die Türen vor Augustus nur wenige Male geschlossen: Während der Republik (509–31 v. Chr.) lebten die Römer beinahe ständig im Kriegszustand.

Außerdem wurden Statuen und Altäre für Pax, Salus (Heil) und Concordia (Eintracht) aufgestellt. Die größte und eindrucksvollste Manifestation der *Pax Augusta* war jedoch der Friedensaltar auf dem Marsfeld in Rom, die *Ara Pacis Augustae*, die am 30. Januar 9 v. Chr. geweiht wurde.

Das bedeutete allerdings nicht, dass Augustus einen radikalen Wechsel in der römischen Expansionspolitik plante. Im Gegenteil, die Eroberungen wurden intensiv weiter betrieben. Vor allem schloss Augustus „Lücken“, gliederte die Gebiete in das Römische Reich ein, die in seiner Vorstellung von einem in sich geschlossenen Herrschaftsgebiet noch fehlten. Sein Ziel bestand darin, die Grenzen so weit wie möglich zu verkürzen und damit den finanziellen und militärischen Aufwand bei der Sicherung des Reiches zu verringern, eine Politik, die von seinen Nachfolgern weiter betrieben wurde. Nur an der Eroberung Germaniens, sozusagen dem Zwickel zwischen Rhein und Donau, scheiterten die Römer, abgesehen von kleineren Gebieten in Südwestdeutschland.

Damit wird auch deutlich, was Augustus und seine Nachfolger unter Pax verstanden: Innerhalb des Römischen Reiches sollte Frieden und Sicherheit herrschen, vom Militär an den

Grenzen geschützt. Eroberungszüge in das jenseitige Gebiet tangierten die *Pax Romana* nicht. Alle Völker im Reich profitierten von der *Pax Romana*, die damit zu einem der wichtigsten Elemente wurde, die das Imperium einten und das Zusammenwachsen förderten. Die ehemaligen Barbaren, die Rom unterworfen hatte, tauschten ihre Unabhängigkeit gegen die politische und wirtschaftliche Sicherheit, die ihnen das Römische Reich bot. So gelang es den Römern, die fremden Völker in das Reich zu integrieren oder zumindest zu assimilieren.

Anmerkungen

Mythische Gegner

1 Griechische Namen, deren Betonung von der im Deutschen üblichen abweicht, sind beim ersten Auftreten im Text mit einem Akzent versehen.
2 Herakles musste auf Anordnung der Göttin Hera im Dienst des Königs von Argos, Eurystheús, zwölf Taten vollbringen. Sein erstes Abenteuer ist der Kampf mit dem Löwen von Nemea, dessen Fell er fortan trägt (und an dem man Herakles auf bildlichen Darstellungen erkennt). In den Sümpfen von Lerna (Ostpeloponnes) muss er als zweite Tat die vielköpfige Schlange besiegen, der für jeden Kopf, den Herakles abschlägt, zwei neue wachsen. Erst indem Herakles die Stümpfe ausbrennt, kann er das Ungeheuer töten.
3 Die bekannteste Darstellung der Szene befand sich im Westgiebel des Zeustempels von Olympia (erbaut zwischen 470 und 456 v. Chr.), heute im Museum von Olympia.
4 *Ilias* 3, 189 und 6, 186
5 Hesiod, *Theogonie* 185f.

Die Barbaren

1 Homer, *Ilias* 2, 867.
2 Auch Sparta wurden von Königen regiert, doch im Gegensatz zum Perserreich war die Bevölkerung über die Volksversammlung an den Entscheidungen des Staates beteiligt (ausführlicher zur Verfassung Spartas s. S. 58).
3 Eine südliche gemäßigte Zone wurde zwar angenommen, war jedoch noch völlig unbekannt.
4 Hier wie im Folgenden sind bei Privatpersonen die Lebensdaten angegeben und bei Herrschern die Regierungsdaten.
5 Seit 229 v. Chr. durften die Römer an den Isthmischen Spielen (am Isthmos von Korinth) teilnehmen, ab dem 2. Jahrhundert v. Chr. auch an den renommierten Olympischen Spielen.
6 Wie sie in den Schriften Ciceros (106–43 v. Chr.) zu finden ist.
7 Die erhaltenen Reliefplatten befinden sich heute im Hof des Konservatorenpalastes auf dem Kapitol in Rom.
8 Mit ähnlichen Problemen hatten die Römer auch z. B. in Schottland zu kämpfen, weshalb sie schließlich von einer Eroberung absahen.

Berührungsängste

1 Die Argonautensage handelt von den Abenteuern des Jason und seiner Gefährten auf der Fahrt nach Kolchis mit dem Schiff „Argo". Im Auftrag des Königs

seiner Heimatstadt Jolkos (Thessalien/Mittelgriechenland), Pelias, soll er dort das Goldene Vlies holen. König Aietes von Kolchis lässt ihn zuerst einige gefährliche Aufgaben vollbringen (Einspannen wilder Stiere, Pflügen mit den Stieren und Aussaat von Drachenzähnen, aus denen Krieger wachsen), was Jason mit Hilfe der Zauberin Medea gelingt.

2 Nicht zu vergessen die Informationen, die von den vielen Söldnern und Kaufleuten mitgebracht wurden.

3 Eratosthenes berechnete den Erdumfang, indem er den Einfallswinkel der Sonnenstrahlen am selben Tag und zur selben Uhrzeit in den beiden Städten Alexandria und Assuan, die ungefähr auf demselben Längengrad liegen, messen ließ. Da sich Eratosthenes jedoch die Erde als vollkommene Kugel vorstellte, weicht sein Ergebnis von dem wirklichen Wert etwas ab.

4 Eine Tendenz, die sich bis weit ins Mittelalter fortsetzte.

5 Die *Historien* und die *Annalen*.

6 Vor allem das Geschichtswerk des Hekataios (um 560–480 v. Chr.). Herodot unterschied durchaus zwischen mehr oder weniger vertrauenswürdigen Quellen. Trotzdem darf natürlich nicht alles, was Herodot schreibt, für bare Münze genommen werden.

Propaganda

1 Ein Leinengewand mit einem oder zwei Ärmellöchern.

2 Die Göttin wird in der Literatur häufig als Stadtgöttin Roma bezeichnet. Diese Benennung ist jedoch nicht gesichert, es kann sich daher auch um eine andere kriegerische Göttin handeln.

3 Die Definition ist dem Volksbrockhaus entnommen.

Integration oder Assimilation?

1 CIL (*Corpus Inscriptionum Latinarum*) XIII 1862.

2 CIL III 5881.

3 CIL XIII 12057.

4 CIL XIII 11811.

5 Karl-Wilhelm Weeber, *Romdeutsch, Warum wir alle Lateinisch reden, ohne es zu wissen*, Frankfurt a. M. 2006, S. 16.

Heroen

1 Die Krieger-Vase befindet sich heute im Athener Nationalmuseum, die Chigi-Kanne im Museo Nazionale di Villa Giulia in Rom.

2 Homers Lebens- und Schaffenszeit ist in der Wissenschaft umstritten. Wahrscheinlich ist sie in die zweite Hälfte des 8. Jahrhunderts v. Chr. zu datieren.

Die Hoplitenphalanx

1 Im 7. Jahrhundert v. Chr. war diese Kampfweise in Sparta bereits üblich (vgl. auch die um 640 v. Chr. datierte Chigi-Kanne, S. 55 und 57, mit der Darstellung eines Kampfes zweier Hoplitenarmeen). Die Anfänge der Hoplitenphalanx sind daher früher anzusetzen, wahrscheinlich kannte sie schon Homer, der vermutlich in der zweiten Hälfte des 8. Jahrhunderts v. Chr. lebte.

2 Als Heloten wird die von den Spartiaten unterworfene Bevölkerung bezeichnet. Unklar ist, ob diese Unterwerfung im Zuge einer Einwanderung der Spartiaten erfolgte, wie in der Antike geglaubt wurde, oder mit der Ausdehnung des spartanischen Einflussgebietes über die südlich angrenzenden

Landstriche begann. Mit der Eroberung Messeniens (Südwestpeloponnes) durch Sparta im 8. und 7. Jahrhundert v. Chr. wurden auch die Messenier zu Heloten.

3 Alle Zahlenangaben sind moderne Schätzungen, die nicht immer mit den Zahlen übereinstimmen, die in den antiken Quellen genannt sind.

Salamis und die Folgen

1 Homer, *Ilias* 2, 509 f.
2 Homer, *Ilias* 2, 718 f.
3 Thukydides, *Geschichte des Peloponnesischen Kriegs* 1, 13, 4.
4 Herodot, *Historien* 1, 166.
5 Herodot, *Historien* 7, 97.
6 Der gesamte „Schiffskatalog“: Herodot, *Historien* 7, 89–99.
7 Raimund Schulz, *Die Antike und das Meer*, Darmstadt 2005, S. 89.
8 Herodot, *Historien* 7, 96: „Alle diese Völker [...] standen unter einheimischen Befehlshabern.“

Bürgermiliz

1 Die Senatoren und die Besitzlosen, also der oberste und der unterste Stand, wurden bei den Vermögensklassen des Servius Tullius nicht berücksichtigt.
2 Polybios, *Geschichte* 6, 19.
3 Die Umrechnung aus dem griechischen Währungssystem, das Polybios verwendet, in das römische ist nicht einfach: Ein Obol ist ein Sechstel einer Drachme, die Polybios wohl mit dem römischen Denar gleichsetzt. Doch ein Sechsteldenar als Währungseinheit existierte nicht. Polybios setzt hier wohl die kleinste griechische Einheit, das Obol, mit der kleinsten römischen, dem As, gleich. 2 bis 4 Asse kostete im 2. Jahrhundert v. Chr. in Rom ein Modius (= 8,75 l) billiges Getreide; für ein As erhielt man 3,27 l billigen Wein. Weitere Angaben zur Kaufkraft des Geldes: Szaivert, Wolfgang und Wolters, Reinhard, *Löhne, Preise, Werte*, Darmstadt 2005 und im Internet unter www.imperiumromanum.com/wirtschaft/wert/wert_index.htm.
4 Polybios, *Geschichte* 6, 39.
5 Der gesamte Bericht: Polybios, *Geschichte* 6, 19–42.

Die Veteranen

1 Übers aus: G. Walser, *Römische Inschrift Kunst* 1988 Nr. 105

Belagerungen

1 Thukydides, *Geschichte des Peloponnesischen Kriegs* 2, 78.

Kriegsgötter

1 Homer, *Ilias* 5, 333.
2 Homer, *Ilias* 5, 885–887, übers. von Wolfgang Schadewaldt. Die ganze Geschichte: 5, 855–887.
3 Hesiod, *Theogonie* 926.
4 Cassius Dio, *Römische Geschichte* 42, 26, 2.
5 Ihr erster Tempel in Rom wurde erst unter Hadrian (117–138 n. Chr.) erbaut.

Kriegsrecht in der Antike

1 Homer, *Ilias* 7, 408–411.
2 Cicero, *de officiis* 1, 11, 35.

3 Cicero, *de officiis* 1, 11, 34.
4 Cicero, *de officiis* 1, 23, 80.

Triumph

1 Valerius Maximus, *Denkwürdige Taten und Worte* 2, 8, 1.
2 Cassius Dio, *Römische Geschichte* 43, 20, 2.
3 Die genaue Lage dieses Tores konnte bis heute nicht festgestellt werden.
4 Die drei Städte Avaricum, Gergovia und Alesia liegen in Mittelfrankreich, Gergovia ca. 200 km südlich von Avaricum, Alesia ca. 250 km nordöstlich von Gergovia.

Geldnot

1 Die ersten Goldmünzen Athens.
2 Im Jahr 392 v. Chr.
3 Man spricht daher von Schwergeld (*Aes grave*).

Beute und Plünderung

1 Jüngerer Sohn des Perserkönigs Dareios II., zog mit einem Heer griechischer Söldner gegen seinen Bruder zu Felde und fiel 401 v. Chr. in der Entscheidungsschlacht.
2 Die sogenannten Urkönige von Athen.
3 Phidias: Berühmter griechischer Bildhauer des mittleren 5. Jahrhunderts v. Chr. Zu seinen Werken gehörte die Gold-Elfenbein-Statue der Athena im Parthenon von Athen.
4 Polybios, *Geschichte* 10, 16 f.
5 Livius, *Von der Gründung der Stadt an* 45, 34, 5.

Siegesdenkmäler

1 Pausanias, *Reisen in Griechenland* 5, 27, 11.
2 Pausanias, *Reisen in Griechenland* 10, 10, 3–5 beschreibt tatsächlich 16 Figuren.
3 Pausanias, *Reisen in Griechenland* 2, 20, 5.
4 Wolfgang Radt, *Pergamon*, Darmstadt 1999, S. 162.
5 Livius, *Von der Gründung der Stadt an* 2, 13, 6–11.
6 Aus diesem Grunde ziehen einige Wissenschaftler die Bezeichnung „Ehrenbogen“ vor.

Frieden

1 Hesiod, *Theogonie* 901 f.
2 Der Herbst wurde erst später als eigene Jahreszeit angesehen.
3 Die Lage des Kultbaus ist noch immer unbekannt. Er dürfte sich nicht weit vom Forum Romanum entfernt in Richtung Quirinal befunden haben.
4 So auf Münzen des Nero (54–68 n. Chr.).

Literatur

Über den Krieg in der Antike oder seine Teilaspekte gibt es ungezählte Publikationen, von rein wissenschaftlichen Abhandlungen bis zu leicht verständlichen Büchern für jedermann. In die Literaturliste wurde für jeden Geschmack etwas aufgenommen. In den einzelnen Werken finden sich umfangreiche Sammlungen mit weiterführender Literatur, die hier abzudrucken den Rahmen dieses Buches sprengen würde.

Sigrid Albert, *Bellum iustum. Die Theorie des gerechten Krieges und ihre praktische Bedeutung für die auswärtigen Auseinandersetzungen Roms in republikanischer Zeit*, Kallmünz 1980.

Brian Campbell, *War and Society in Imperial Rome, 31 BC–AD 284*, London 2002.

Peter Connolly, *Greece and Rome at War*, London 1981.

Hans-Joachim Diesner, *Kriege des Altertums*, Berlin 1985.

Doyne Dawson, *The Origins of Western Warfare*, Boulder, Colorado und Oxford 1996.

Hans-Joachim Diesner, *Kriege des Altertums*, Berlin 1985

Kate Gilliver, *Auf dem Weg zum Imperium. Eine Geschichte der römischen Armee*, Stuttgart 2003.

Adrian Goldsworthy, *Die Legionen Roms*, Frankfurt am Main 2004.

Marcus Junkelmann, *Die Legionen des Augustus*, Mainz 1986.

Victor Davis Hanson, *The Western Way of War. Infantry Battle in Ancient Greece*, Oxford 1989.

Victor Davis Hanson, *Hoplites. The Classical Greek Battle Experience*, London 1991.

Mauro Mantovani, *Bellum iustum: die Idee des gerechten Krieges in der römischen Kaiserzeit*, Bern 1990.

Werner Nowag, *Raub und Beute in der archaischen Zeit der Griechen*, Frankfurt am Main 1983.

William Kendrick Pritchett, *The Greek State at War*, 5 Bände, Berkeley und Los Angeles 1971–1991.

John Rich / Graham Shipley (Hg.), *War and Society in the Roman World*, London 1993.

Jonathan P. Roth, *The Logistics of the Roman Army at War (264 BC–AD 235)*, Leiden 1999.

Philip A. Sabin / H. van Wees / M. Whitby (Hg.), *The Cambridge History of Greek and Roman Warfare*, 2 Bände, Cambridge 2007.

Michael M. Sage, *Warfare in Ancient Greece*, London und New York 1996.
Harry Sidebottom , *Ancient Warfare*, New York 2004.
Hans Volkmann / Gerhard Horsmann, *Die Massenversklavungen der Einwohner eroberter Städte in der hellenistisch-römischen Zeit*, Stuttgart ²1990.

Verwendete Werkausgaben

Cassius Dio, *Römische Geschichte*, übers. von Otto Veh, Zürich / München 1985–1987.
Flavius Josephus, *Der Jüdische Krieg*, übers. von Otto Michel und Otto Bauernfeind, Darmstadt 1959–1969.
Herodot, *Historien*, übers. von Theodor Braun, Frankfurt am Main / Leipzig 2001.
Hesiod, *Theogonie. Werke und Tage*, übers. von Albert von Schirnding, München/Zürich 1991.
Historia Augusta, übers. von Ernst Hohl, hg. von Johannes Straub, Zürich / München 1976–1985.
Homer, *Ilias*, übers. von Wolfgang Schadewaldt, Frankfurt am Main 1975.
Homer, *Ilias*, übers. von Johann Heinrich Voss, München o. J.
Pausanias, *Reisen in Griechenland*, übers. von Ernst Meyer, hg. von Felix Eckstein, Darmstadt 1986.
Polybios, *Geschichte*, übers. von Hans Drexler, Zürich / München 1961–1963.
Tacitus, *Germania*, übers. von Manfred Fuhrmann, Stuttgart 1971.
Thukydides, *Geschichte des Peloponnesischen Krieges*, übers. von Georg Peter Landmann, München 1991.
Vitruv, *Über die Architektur*, übers. von Curt Fensterbusch, Darmstadt 1981.
Xenophon, *Kyrupädie*, übers. von Rainer Nickel, München 1992.

Bildnachweis

S. 13: nach: John Boardman, *Athenian Red Figure Vases*, London 1989; S. 22: Privatarchiv des Verfassers; S. 29: MS Bodl. 264, fol. 260r; S. 33: akg-images/ Werner Forman; S. 35: Bildarchiv Steffens/ Bridgeman Art Library/ Alinari, Pinacoteca Capitolina, Palazzo Conservatori, Rom; S. 36: picture-alliance/ akg-images/ A.Lorenzini; S. 46: nach: Gerold Walser, *Römische Inschrift-Kunst*, Stuttgart 1988; S. 53: akg-images; S. 54, S. 55 und S. 57: akg-images/ Nimatallah; S. 63: akg-images/ Peter Connolly; S. 78: Landesmuseum, Mainz; S. 88: nach: Peter Connolly, *The Roman Fort*, Oxford 1991; S. 93: akg-images/ Peter Connolly; S. 106: nach: Adrian Goldsworthy, *Die Legionen Roms*, Frankfurt am Main 2004; S. 110: akg-images/ Nimatallah; S. 123: akg-images; S. 145: Privatarchiv des Verfassers; S. 151: akg-images

Dank

Allen Kollegen und Freunden danke ich für die Unterstützung, mit der sie den *Krieg in der Antike* weitergebracht haben, Regine Gamm (Darmstadt) für ihre geduldige Diskussionsbereitschaft, ohne die der *Krieg* anders ausgegangen wäre.

Dr. Thomas Ganschow, Jg. 1958, ist Klassischer Archäologe und Numismatiker. Er arbeitete über zehn Jahre an der Zentralredaktion des Lexicon Iconographicum Mythologiae Classicae (LIMC) in Basel, später am Archäologischen Institut der Universität Freiburg. Heute ist er als freiberuflicher Sachbuchautor und Übersetzer tätig. Seine „Liebe“ gilt ebenso den antiken Münzen wie der Erforschung des täglichen Lebens in der Antike.